全国司法职业教育"十三五"规划教材

押解与看管实务

全国司法职业教育教学指导委员会　审定

主　编◎黄素萍
副主编◎赵　琦
撰稿人◎黄素萍　柏玲玲　叶斌华
　　　　徐建杰　赵　琦　李　岚
　　　　曹立营　马　丽

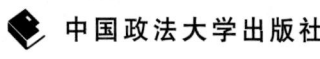

中国政法大学出版社

2021·北京

声　明　1. 版权所有，侵权必究。

　　　　2. 如有缺页、倒装问题，由出版社负责退换。

图书在版编目（CIP）数据

押解与看管实务/黄素萍主编.—北京：中国政法大学出版社，2021.1（2024.9重印）
ISBN 978-7-5620-9857-7

Ⅰ.①押…　Ⅱ.①黄…　Ⅲ.①警察－工作－中国　Ⅳ.①D631

中国版本图书馆CIP数据核字(2021)第020605号

书　　名	押解与看管实务 YAJIE YU KANGUAN SHIWU	
出 版 者	中国政法大学出版社	
地　　址	北京市海淀区西土城路25号	
邮　　箱	fadapress@163.com	
网　　址	http://www.cuplpress.com（网络实名：中国政法大学出版社）	
电　　话	010-58908435(第一编辑部) 58908334(邮购部)	
承　　印	保定市中画美凯印刷有限公司	
开　　本	720mm×960mm　1/16	
印　　张	12.75	
字　　数	243千字	
版　　次	2021年1月第1版	
印　　次	2024年9月第3次印刷	
印　　数	13001～16000册	
定　　价	39.00元	

出版说明

为贯彻落实党的十九大精神和习近平总书记关于教育的系列重要讲话要求，充分发挥教材建设在提高人才培养质量中的基础性作用，促进现代司法职业教育改革与发展，全面提高司法职业教育教学质量，全国司法职业教育教学指导委员会于 2017 年 11 月正式启动了司法职业教育"十三五"规划教材的编写工作。

本次规划教材编写以习近平新时代中国特色社会主义思想为指导，以司法类专业教学标准为基本依据，以更深入地实施司教融合、校局联盟、校监所（企）合作、德技双修、工学结合为根本途径，强化需求导向和问题导向。在坚持实战、实用、实效原则的基础上，继续完善实行行业指导、双主体团队开发、多方人员参与、院校支持、主编负责、行指委统筹审定、分批次出版的编写工作机制，适时更新教材内容和结构，大力开发大类（专业群）专业基础课程、专业核心课程教材，倡导编写典型案例化、任务项目化教材，并运用现代信息技术创新教材呈现形式，着力加强实训教材和数字化教学资源建设，逐步建立符合我国国情、具有时代特征和行业特色的现代司法职业教育教材体系。本规划教材包括已有规划教材的全新修订、新增专业课程教材和司法类国控专业更新课程教材的编写。在编写内容上，必须顺应新时代、新要求，回应全面深化依法治国，尤其是深入推进司法体制改革的新需求、新期盼，力争符合司法类专业人才培养目标达成需要和相关课程标准要求，与司法职业一线岗位任职标准（岗位技能要求）相衔接，体现"原理与实务相结合"的特点，注重培养学生应用理论、规则解决实际问题的能力。

经过全体编写人员的共同努力和出版社编辑们的辛勤付出，现在首批教材已陆续出版，欢迎大家选用，并敬请各使用单位和广大师生在选用过程中提出意见和建议，行指委将及时根据教材评价和使用情况，丰富教材内容，优化教材结构，促进教材质量不断提高。

全国司法职业教育教学指导委员会

2019 年 6 月

编写说明

人民法院司法警察隶属于我国人民法院，担负着保障司法机关场所安全、维护司法活动秩序及保护司法人员安全等职责，是具有武装性质的司法力量，是我国人民警察的独立警种之一。司法警察履行职责，应当熟练掌握司法警察业务知识、技能，遵纪守法、忠于职守；既有较高的政治、法律素质，又具有震慑违法犯罪行为的过硬本领。

自2017年起，最高人民法院对《人民法院司法警察押解规则》（2003年11月3日，法发〔2003〕19号）、《人民法院司法警察看管规则》（2004年2月6日，法发〔2004〕4号）、《人民法院司法警察安全检查规则》（法发〔2004〕14号）、《人民法院司法警察刑事审判警务保障规则》（2009年7月30日，法发〔2009〕46号）、《人民法院司法警察执法细则（试行）》（2013年3月7日，法发〔2013〕49号）进行了修改，并于2019年1月颁布了《人民法院司法警察刑事审判警务保障工作规则》《人民法院司法警察执法细则》《人民法院司法警察预防和处置突发事件规则》。

根据最高人民法院修订后的规则要求，并结合司法警察教育和培训以及司法警务专业建设的需要，我们组织相关院校教师和行业专家修订编写了《押解与看管实务》（全国司法职业教育"十三五"规划教材）专业课程教材。

本教材是以人民法院司法警察保障人民法院刑事审判工作，以对犯罪嫌疑人进行押解、看管的职责范围为主线，通过对司法警察押解、看管基本知识的介绍，突出体现了司法警察警务实战能力培养的思路。

本教材是由浙江警官职业学院、陕西警官职业学院、安徽警官职业学院、山东司法警官职业学院、山西警官职业学院和四川司法警官职业学院从事该课程建设的教师以及浙江省杭州市中级人民法院在司法警察工作实务一线的行业专家共同主持编写的。通过对司法警察典型工作任务的分析，并以司法警察的基本职责为依据，以司法警察工作任务为项目载体，以提升人民法院司法警察履职能力为出发点，主要阐述了司法警察履行押解和看管法定职责的基础知识和职业能力培养等内容。全书共分为十一章，具体包括押解的概念和类型、押解的依据和职责、押解前准备工作、提押、途中押解、庭审押解、还押、看管的概念和要求、看管的依据和职责、看管场所的设置与要求、看管的组织实施。在内容上侧重于司法警察基本素质的养成和实务操作能力的培养，因此，本教材既可作为高等院校警察类专业的教材，也可作为在职人员的专业培训用书，并对从事人民法院、人民检察院司法警察理论研究及实务工作具有一定的参考价值。

本教材的具体写作分工如下：

黄素萍：第一、二、八、九章；

柏玲玲：第三章；

叶斌华：第四章；

徐建杰：第五章；

赵　琦：第六章；

曹立营：第七章；

李　岚：第十章；

马　丽：第十一章。

本教材由黄素萍、赵琦、叶斌华修改定稿。

在本教材的编写过程中，作者参考、引用了许多专家、学者及人民法院、人民检察院实务人员的著述，有的列于书后参考文献中，有的疏于呈列；同时，浙江省高级人民法院司法警察总队、杭州市人民法院司法警察支队、陕西省西安市中级人民法院、山西省太原市中级人民法院、山西省晋中市中级人民法院司法警察支队为本教材提供了许多宝贵的资料，在此一并表示诚挚的谢意。

由于作者水平和实践经验有限，书中疏漏乃至谬误在所难免，敬请读者批评指正。

编　者
2020 年 10 月

图书总码

目录 CONTENTS

第一章 押解的概念和类型 ▶ 1
  第一节 押解的概念和特点 / 1
  第二节 押解的类型 / 7

第二章 押解的依据和职责 ▶ 14
  第一节 押解的依据 / 14
  第二节 押解人员的职责 / 19
  第三节 押解的要求 / 26

第三章 押解前准备工作 ▶ 28
  第一节 押解警务受领 / 28
  第二节 法律文书审验（审核） / 38
  第三节 警用装备的配备与检查 / 47
  第四节 押解前准备工作的实务技能训练 / 50

第四章 提押 ▶ 54
  第一节 提押（解）的组织与实施 / 54
  第二节 提押（解）实务技能训练 / 60
  第三节 提押（解）中的情况处置 / 63

第五章 途中押解 ▶ 66
  第一节 乘车押解 / 67
  第二节 乘飞机押解 / 71

　　　　第三节　徒步押解 / 72
　　　　第四节　途中押解的情况处置 / 74

第六章　庭审押解 ▶ 78
　　　　第一节　庭审押解的组织实施 / 79
　　　　第二节　庭审押解实务技能训练 / 92
　　　　第三节　庭审押解的情况处置 / 96

第七章　还　押 ▶ 102
　　　　第一节　还押的组织实施 / 103
　　　　第二节　还押实务技能训练 / 107
　　　　第三节　还押的情况处置 / 110

第八章　看管的概念和要求 ▶ 113
　　　　第一节　看管的概念和特点 / 114
　　　　第二节　看管的原则和要求 / 118

第九章　看管的依据和职责 ▶ 123
　　　　第一节　看管的依据 / 124
　　　　第二节　看管的职责 / 128

第十章　看管场所的设置与要求 ▶ 132
　　　　第一节　看管场所的设置 / 133
　　　　第二节　看管场所的要求 / 138

第十一章　看管的组织实施 ▶ 146
　　　　第一节　看管前的准备工作 / 146
　　　　第二节　看管的组织实施 / 151
　　　　第三节　看管实务技能训练 / 158
　　　　第四节　看管的情况处置 / 159

附件一　警务参考方案 ▶ 164
附件二　提押票参考样式 ▶ 167

附件三	**实例操作** ▶ 169
附件四	**相关法律法规** ▶ 171

  一、《中华人民共和国人民法院组织法》相关条文　/　171

  二、《人民法院司法警察条例》　/　171

  三、《中华人民共和国人民法院法庭规则》相关条文　/　175

  四、《人民法院司法警察刑事审判警务保障工作规则》　/　175

  五、《人民法院司法警察预防和处置突发事件规则》　/　182

  六、《中华人民共和国人民警察使用警械和武器条例》　/　185

参考文献	▶ 189

第一章　押解的概念和类型

> **学习目标**
>   通过本章学习，明确押解的概念和特点，了解押解的类型。
> **学习重点**
>   押解的概念、押解的特点。

【本章引例】

某省某市中级人民法院司法警察支队在西华县人民法院审判法庭执行庭审押解警务任务，其派出1名司法警察负责押解被告人张××（系本案第一被告人，抢劫致人死亡，可能判处死刑），在对该案第一被告人张××单独审讯后，司法警察给张××戴手铐时，张××突然袭击执行庭审押解任务的司法警察，将司法警察推倒在地后，从窗户跳至一楼脱逃，致使发生被告人当庭脱逃事件。

事件详细经过如下：某省某市中级人民法院在西华县人民法院二楼的审判法庭公开审理一件有13名被告人的抢劫、盗窃案件，该院司法警察支队在执行庭审押解警务任务，在单独对各被告人讯问阶段，该支队副支队长指派1名司法警察负责第一被告人张××在法庭上的押解任务，在结束对该张姓被告人讯问后，执行庭审押解任务的司法警察对该名被告人上手铐时，该张姓被告人突然对执行庭审押解任务的司法警察发动袭击，猛地将司法警察推倒在地后，迅速从窗户跳至一楼，担任押解任务的司法警察赶到窗口观察后，绕至楼梯追逃，当其追出门口时，已不见张姓被告人的踪影，遂酿成一起死刑罪犯的脱逃警务事故。

第一节　押解的概念和特点

押解的概念和类型教学课件

一、押解的概念

（一）押解的概念

"押解"一词的原意是指押送犯人或俘虏[1]。作为警察（或是军队）的一项职责，从中国古代一直沿用至现在[2]。目前，我国各序列人民警察或多或少都负有押解职能，押解工作是各警种人民警察将羁押于一地的被限制人身自由的犯罪嫌疑人、被告人或罪犯押解至另一地，保障侦查、检察、审判以及刑罚执行等相关执法活动顺利进行的职务行为。

根据最高人民法院2019年颁布的《人民法院司法警察刑事审判警务保障工作规则》（以下简称《刑事审判警务保障工作规则》）[3] 第16条的规定，押解是指人民法院司法警察在刑事审判中，依法强制将被告人从看守所或者其他监管机构押到法庭接受审判，再将其押回看守所或者其他监管机构，保障审判活动安全有序进行的职务行为。押解包括提押、庭审押解、还押三个环节。该概念明确指出了押解工作的实质内容和本质特性，直接指出押解工作是人民法院司法警察的职务行为，从而揭示了押解职责是人民法院司法警察依据其所担任的司法警察职务而履行的职务行为。

---

[1] 详见中国社会科学院语言研究所词典编辑室编写的2002年增补本《现代汉语词典》第1438页。

[2] 押解一词在人们的日常生活中应用并不是很多，只是在比较专业的领域，如司法实践领域中运用较多，从某种意义上来讲押解这个词是专业词汇。首先，从字面意思来看，"押"字的意思有两层，一是暂时把人扣留，不准自由行动，二是跟随照料或看管。"解"字的意思就是押送。从字面上的意思我们可以看出，押解最早是从军队押送俘虏开始。但随着司法实践在人类社会广泛开展，押解作为一项日常的警务工作任务逐渐从军队转移到了警察，特别是执行特定任务的司法警察。在中国的古代社会，特别是在宋、明、清等时期。由于充军刑和流刑的广泛适用，押解尤其是长途押解囚犯适用较多，由衙役（包括部分军队）担任押解罪犯的任务。在西方国家，押解任务转移的经历大致与中国社会相同，但西方国家更早确立司法制度和警察制度，因此押解罪犯和被告人的任务比较规范地由警察来承担。中华人民共和国成立前，押解罪犯和被告人一般由人民军队担任；中华人民共和国成立后，随着人民司法制度的确立，在人民法院和人民检察院设立了若干司法警察，承担押解罪犯和被告人的任务，期间虽有反复，但人民法院和人民检察院由司法警察执行押解任务一直没有改变。"十一届三中全会"以后，人民法院和人民检察组织法中规定应当设立司法警察，但对司法警察的职责未作具体规定，在这一时期的司法实践中，由于刑事案件的高发，押解被告人、罪犯逐渐了占据司法警察特别是人民法院的司法警察的主要工作任务。

[3] 为规范人民法院司法警察刑事审判警务保障工作，保障刑事审判活动安全有序进行，最高人民法院于2019年颁发了修订的《刑事审判警务保障工作规则》《人民法院司法警察执法细则》《人民法院司法警察预防和处置突发事件规则》《人民法院司法警察安全检查规则》等4个规范性文件，有关2003年7月16日公布的《人民法院司法警察值庭规则》、2003年11月3日公布的《人民法院司法警察押解规则》、2004年2月6日公布的《人民法院司法警察看管规则》、2009年9月16日公布的《人民法院司法警察刑事审判警务保障规则》、2010年6月17日公布的《人民法院司法警察远程视频提讯警务保障规则》《最高人民法院关于人民法院司法警察执行公务时使用告知词的通知》《人民法院司法警察执法行为规范（试行）》《人民法院司法警察执法细则（试行）》同时废止。

第一章 押解的概念和类型

押解概念[1]有一个逐步明确和清晰的过程，而对押解概念进行概括总结，在我国各序列人民警察中首推人民法院司法警察。2003年11月3日，最高人民法院根据人民法院司法警察的工作任务和性质，下发了法发〔2003〕19号文件《人民法院司法警察押解规则》，在该项规则的第2条中将押解的概念作了如下概括：押解是指人民法院司法警察在刑事案件审判活动中，依法强制将被告人从看守所或其他羁押场所押至法庭接受审判后还押看守所或其他羁押场所，保证审判活动顺利进行的职务行为。该规则在明确押解概念的同时，还将人民法院司法警察的押解工作分为提押、法庭押解、还押三个过程[2]。这是我国人民警察序列中，第一次对押解的概念进行概括和总结。虽然这个概念只是针对人民法院司法警察的工作任务和职责要求，但是第一次明确了押解是一种职务行为，这样的表述可谓是一大创举。之后，有其他警种的警察在需要对押解概念进行概括和总结时，纷纷借鉴该押解规则中总结概括的押解概念。如，与人民法院司法警察工作性质相近的人民检察院司法警察，在对押解概念进行概括和阐述时，也借鉴了该押解规则中的押解概念。2019年颁布的《人民法院司法警察刑事审判警务保障工作规则》基本保留对押解概念的表述。

需要特别提示的是，本教材是以人民法院司法警察的押解实务工作作为范本进行编写的，并以此对押解的概念、特点、分类及职责进行具体分析及讲解，但

---

〔1〕 1997年之前，随着全国各省、市人民法院司法警察机构的逐步建立健全，鉴于警务规范化建设的需要以及押解警务的重要性，部分省、市的高级法院率先对押解这一警务任务进行研究并试图予以规范。如当时的上海市人民法院司法警察管理部门，结合工作实际，总结司法警察在押解工作的相关经验，第一次以图文结合的教材形式对押解工作进行了规范；又如，浙江省高级人民法院司法警察管理部门，在总结司法警察实务工作后出台了《浙江省人民法院司法警察工作细则（试行）》，该细则详细规定了司法警察执行押解任务的相关要求。之后，江苏、山东、福建等省市人民法院陆续出台相应的规定，对押解工作任务和职责进行探索和研究，有力地促进了人民法院司法警察工作的发展，押解任务随之被提升到了一个十分重要的地位。与此同时，最高人民法院在广泛征询各省、市人民法院意见的基础上，伺机出台相应的规定。但由于人民法院司法警察条例没有出台，因此，对人民法院的司法警察某一项职责的具体规定只能等明确的规定。1995年2月28日《中华人民共和国人民警察法》（以下简称《人民警察法》）正式颁布实行，该法第2条第2款规定："人民警察包括公安机关、国家安全机关、监狱、劳动教养管理机关的人民警察和人民法院、人民检察院的司法警察。"《人民警察法》的出台，极大地推进了人民警察尤其是人民法院司法警察的正规化建设，最高人民法院依据《人民警察法》第18条规定："……人民法院、人民检察院的司法警察，分别依照有关法律、行政法规的规定履行职权。"于1997年4月26日经最高人民法院审判委员会第898次会议讨论通过了《人民法院司法警察暂行条例》。该条例第7条规定："人民法院司法警察的职责是：①……⑤提押、押送看管被告人或者罪犯……"由此，押解成为人民法院司法警察法定职责之一。2012年通过的《人民法院司法警察条例》第7条规定："人民法院司法警察的职责是：①……③刑事审判中押解、看管被告人或者罪犯，传带证人、鉴定人和传递证据……"

〔2〕 见最高人民法院2003年11月3日发布的法发〔2003〕19号文件《人民法院司法警察押解规则》第2条。（该规则已废除，但其对押解概念的描述，被2019年颁布的《刑事审判警务保障工作规则》沿用）

关于对押解工作中具体的、实质性的要求，其他警种的人民警察在实务工作中也可借鉴并用以指导具体工作。

（二）押解概念的理解

押解的概念可以从以下几方面理解：

1. 押解是人民法院司法警察的职务行为。司法警察是人民法院唯一具有武装性质的司法力量，人民法院司法警察执行押解任务，是依据国家法律、法规和人民法院相关规定履行职责的一种职务行为。从国家法律的角度讲，人民法院司法警察执行押解任务，是法律赋予的职责，是代表国家在执行法律，有着国家的法律、法规和人民法院相关规定作为后盾和保障；从职务履行的角度看，人民法院司法警察执行押解任务，是因其司法警察的职务身份而能实施的行为，即是一种职务行为，落实到具体工作中就是代表人民法院执行职务；从遵守法律规定的角度来看，人民法院司法警察在执行押解任务的过程中，不得超越国家法律、法规和人民法院的规定，其履行职务的行为具有明确的法律边界。

2. 押解的目的是为刑事审判工作提供保障。押解的目的是人民法院司法警察与其他警种的人民警察所担负的押解工作最为重要区别之一。人民法院司法警察押解工作直接为审判工作服务，是审判工作的一个重要组成部分，也是人民法院依法独立行使审判权的具体体现。人民法院司法警察执行押解任务，将被告人或罪犯从看守所或其他羁押场所押至人民法院接受审判，再还押至看守所或其他羁押场所，这些执行职务的行为，其目的就是为刑事审判工作提供保障。公安机关的人民警察执行押解任务的目的是保障侦查工作的需要；监狱中的人民警察执行押解任务的目的是保障监狱管理、羁押罪犯和刑罚执行的需要；人民检察院司法警察执行押解任务的目的是保障检察工作的需要。

3. 押解的对象主要是刑事案件被告人或罪犯。《人民法院司法警察条例》（以下简称《司法警察条例》）第7条第3项规定，人民法院司法警察押解的对象为被告人或罪犯[1]。目前，人民法院司法警察押解的对象主要是在押的刑事被告人，但不完全是刑事被告人。除了在押的刑事被告人外，人民法院司法警察押解的对象还包括：①在看守所关押改造的罪犯；②在拘役所、拘留所关押的被拘役、被拘留人及犯罪嫌疑人；③被采取其他强制措施的被告人，如被采取取保候审、监视居住的刑事被告人等，他们虽然不是在押，但在刑事审判中，也会涉及对这部分人的押解；④在监狱羁押改造的罪犯。但无论如何，在司法实务中人民法院司法警察负责押解的对象，一般归纳为两种人，即被告人或罪犯。

---

〔1〕 涉及有关规定中表述的"刑事案件中的被告人或罪犯"或者"被告人或者罪犯"，除了直接引用法律、法规和其他规范性文件原条文时，仍按原条文表述之外，以下文中均称为"被告人"。

4. 押解是一种具有强制性的行为。人民法院司法警察执行押解任务，是依据其职务而履行并以国家强制力作为后盾的强制行为。司法警察执行押解任务不以被告人和其他任何单位、个人意志为转移，被告人必须无条件地服从司法警察的押解指令。为保障押解警务工作安全和顺利地进行，司法警察得在押解过程中依据《人民警察法》《中华人民共和国人民警察使用警械和武器条例》（以下简称《人民警察使用警械和武器条例》）等规定对被告人使用警械具和武器。

人民法院司法警察为保障刑事审判工作顺利进行而执行押解任务时，只要手续齐全，其他任何机关和部门不得干涉或阻止。

5. 押解的环节有提押、庭审押解和还押。押解工作是审判活动的一项重要内容。司法警察通过执行押解任务，将被告人押送至人民法院接受审判，为刑事审判顺利进行提供警务保障。押解包括提押、庭审押解、还押三个环节。

提押是指在刑事审判活动中，司法警察依法强制将被告人从看守所或者其他羁押机构准确、安全、按时押解至人民法院指定场所的职务行为。庭审押解是指在刑事审判活动中，司法警察按照审判长或独任审判员的指令及时将被告人押解到法庭，确保带入、庭审、带离过程安全的职务行为。还押是指在刑事审判结束后，司法警察依法强制将被告人从人民法院羁押场所安全押回看守所或者其他监管机构的职务行为。

二、押解的特点

人民法院司法警察押解工作具有以下特点：

（一）司法性

司法警察的押解工作隶属于刑事审判活动并且是其不可缺少的组成部分。司法警察通过执行押解任务，将被告人押送至法院接受审判，为刑事审判工作提供警务保障，如果缺少司法警察押解工作的环节，被告人或罪犯作为刑事诉讼参与的一方就不能到庭参与审判活动，审判活动也不可能正常进行。刑事审判工作体现的是刑事诉讼活动的司法性，作为刑事审判活动环节的司法警察的押解工作同样体现出司法性的特性，也就是说，押解任务的司法性，是由人民法院审判工作的司法性所决定的。人民法院司法警察押解工作的司法性，与公安机关等人民警察所执行的押解工作的行政性是相对的。公安机关人民警察在侦查或治安管理的过程中所执行的押解任务，是代表行政机关执行的一项行政工作，其所执行的押解工作体现的是行政性的特性。同理，监狱机关的人民警察执行押解任务，也体现出了行政性的特性。

（二）保障性

司法警察通过执行押解警务，从看守所或其他羁押机构将被告人押送到人民法院接受审判,为刑事审判活动的顺利进行提供保障。就工作特点、过程和作用来看,司法警察押解工作是从属于刑事审判工作的,是为刑事审判活动提供保障和服务的,这种从属地位和提供服务的工作特性,集中体现了押解保障性的特点。

（三）准确性

准确性是指司法警察在执行押解警务时要将被押解人准确无误押送到指定地点,防止错提和漏提。司法警察执行押解警务,一是认真核实有关押解手续是否齐全、有效、准确,是否符合法律规定和相关要求;二是认真核实审判时间、押解到达的地点、被告人所在的住址或羁押场所,做到准确无误;三是认真核实被告人的身份,防止错提和漏提。

（四）时效性

时效性是指司法警察执行押解警务,必须根据审判活动的要求,适时将被告人押送到指定地点,做到不迟不误,保证审判工作的顺利进行。当然,时效性也不提倡将被告人过早地提押到人民法院羁押室等场所,不必要地增加看管和警戒的工作量,以及增加不必要的安全隐患。

（五）强制性

押解的强制性主要表现在押解工作不以被告人和其他任何单位、个人意志为转移,被告人必须无条件听从司法警察的押解指令,服从管理。同时,为保障押解警务安全顺利进行,司法警察在押解过程中可依照《审判警务保障工作规则》、《人民法院司法警察执法细则》（以下简称《执法细则》）、《人民警察使用警械和武器条例》的规定,使用警械和武器。

（六）危险性

司法警察执行押解警务的对象主要是在押的刑事被告人,由于押解过程基本处于运动状态（相对于看管、值庭等其他警务任务）,外部环境变化多样,容易发生劫持、脱逃、行凶、自杀、自残等事件。从被押解人的身份来看,被告人或多或少地存在着一定的人身危险性,被告人将生和自由的渴望表现到行动上时,就会对押解工作带来极大的危险。应当说,押解工作是人民法院司法警察所承担的诸项警务任务中具有较大危险性的一项工作任务。

（七）严肃性

押解工作是一项十分严肃的工作,它要求司法警察在执行押解警务时,要坚持严肃认真的工作态度。一方面,司法警察在执行押解警务时必须坚持严肃执法,不得徇私枉法;另一方面,被羁押的被告人与人民法院首次接触,就是从人民法院司法警察执行押解任务时开始的。因此,这还关系人民法院司法警察的形象问题。如果司法警察警容不整、作风松垮、语言粗俗,就会影响人民法院严肃、文明、公正执法的形象,亦会给被告人留下不良印象,并最终影响押解工作的安全进行。

第二节 押解的类型

根据人民法院司法警察执行押解任务的司法实践经验，以及押解警务的特点和要求，可以将押解从押解警务环节、途中押解、庭审押解和其他情况下的押解等四种押解工作类型进行分类。

一、押解警务环节

根据押解警务环节，可以分为提押、庭审押解和还押。

提押又称提解，指在刑事审判活动中，司法警察依法强制将被告人从看守所或者其他羁押机构准确、安全、按时押解至人民法院指定场所的职务行为。提押是整个押解任务的开端，是做好整个押解工作的首要任务。

庭审押解是指在刑事审判活动中，按照审判长或独任审判员的指令，司法警察及时将被告人押解到法庭，确保带入、庭审、带离过程安全的职务行为。

还押是指在刑事审判结束后，司法警察依法强制将被告人从人民法院羁押场所安全押回看守所或者其他监管机构的职务行为。还押是司法警察执行押解任务的最后一个阶段。

二、途中押解

根据押解的方式，可分为乘用交通工具押解和徒步押解。

（一）乘用交通工具押解

乘用交通工具押解可分为乘囚车押解、乘普通车（船）押解、乘飞机押解。

乘囚车押解是人民法院司法警察使用专用囚车[1]押解被告人，是人民法院最主要的、适用范围最广的、安全系数最高的押解方式。

乘普通车（船）押解是指在不宜使用囚车押解被告人的情况下，乘用长途汽车、火车和轮船等普通交通工具进行押解的方式。乘普通车（船）执行押解任务，往往在安全方面难以得到全面的保障，因此，它在司法实践中较少被

---

[1] 专用囚车是指人民法院司法警察专门用来押解被告人、罪犯的警车，专用囚车专用于押解被告人、罪犯，不能用作他途。专用囚车应当符合以下几个条件：一是要配置专用的警灯警报系统；二是要配备封闭式的囚笼；三是要选择专职司法警察驾驶；四是配备专门的通信设备。条件好的法院还应为专用囚车配备信息监控系统和全球定位系统。

采用。

乘飞机押解是乘坐飞机押解被告人的押解工作方式。

（二）徒步押解

徒步押解通常是被告人上下囚车、出入羁押场所、进出法庭或在交通不便，不宜使用交通工具的情况下所采取的押解工作方式。执行押解警务，是不可能完全脱离徒步押解的方式或手段的。如在庭审押解中，从法院羁押场所到法庭这一路程就需要以徒步押解的方式来衔接。又如，途中押解完毕，将被告人从专用囚车押送至法院羁押场所，就需要用徒步押解的方式完成。徒步押解是乘交通工具押解的补充，这种押解方式，在实务中是较为常用的押解手段。

三、庭审押解的分类

庭审押解根据庭审方式、任务、形式及司法警察采取的姿势等不同的情形和要求，可以把庭审押解分为以下几种类型：

（一）依据庭审方式进行分类，可以分为提审（讯）押解（包括远程视频提讯押解）和庭审押解

1. 提审（讯）押解是指人民法院司法警察将被告人从看守所或其他监管机构提解并押送至提审（讯）室，交由审判人员在看守所或其他监管机构的审讯室里进行提讯、审判的一种押解类型。常见的如审判人员需要提审（讯）被告人时，司法警察、看守所民警或监狱民警将被告人押解至看守所或监狱内的提讯室，交由审判人员讯问。又如，在执行死刑时，审判人员一般都在看守所内的提讯室内对死刑罪犯进行宣判、宣布执行死刑命令及验明正身等。

随着法院信息化建设的发展，出现了远程视频提讯的新事物。在实践中，有些案件由于被告人的羁押地与负责审理案件的法院之间距离遥远，法官在提讯时需要长途出差到被告人的羁押地办案，这会占用法官大量的时间和精力以及花费大量的办公经费。为了节约司法资源，出现了对被告人通过网络系统的技术力量进行远程提讯的新事物。远程视频提讯是人民法院刑事审判庭通过全国法院专网，对被羁押于其他人民法院所在地的刑事案件被告人进行讯问的工作方式。远程视频提讯中，如果当地人民法院在看守所已设有视频提讯室的，那就需要司法警察到看守所做好远程视频提讯的前期准备工作，如开启电脑等相关机器、提押（解）出被告人至远程视频提讯室，在提讯期间负责对被告人进行警戒、看守和管理，提讯时负责设备的维护、调整和关闭等工作。如果人民法院在看守所未装备有远程提讯室的，则还需要将被告人提押（解）出看守所至人民法院数字法庭进行远程提讯。

远程视频提讯对端为人民法院的，远程视频提讯被告人所在地法院应提前3

个工作日将任务通知负责警务保障的警队，以依法进行押解、看管被告人，保障提押安全。提押必须有两名以上法警负责押解。提押时，必须核对被告人身份。提讯时，应至少有两名法警在场，维护远程视频提讯工作秩序，并及时、恰当地处置突发事件，保障提讯安全。

2. 庭审押解是指人民法院司法警察押解被告人到人民法院审判法庭内接受审判，审判完毕后还押至看守所或其他羁押机构的一种押解类型，这是目前各级人民法院最为常见的押解类型，也是最为普通的一种押解类型。

（二）根据开庭审理的形式，可以分为公开开庭审理的押解和不公开开庭审理的押解

在刑事案件审判活动中，有四种法定的情形应当采取不公开开庭审理的方式，分别是涉及国家秘密、商业秘密、个人隐私和未成年人的案件。当涉及这四种情形时，刑事案件是采用不公开开庭审理的方式进行。在刑事审判实践中，不公开开庭审理的刑事案件是极少数的，是一种不常见的审理方式。由此，对于不公开开庭审理刑事案件被告人的押解工作，也是极少数的，不常见的，正是由于这个原因，司法警察对这一类刑事案件押解方式了解得不多，需要进行分类讲解。与此相反，人民法院开庭审理刑事案件的审理方式绝大多数均为公开开庭审理，相应的，司法警察所要执行的押解警务，绝大多数为公开开庭审理的方式，在公开开庭审理的案件中执行押解警务，司法警察除了担负着监控被告人的职责外，还要接受旁听人员的监督，因此，对于这一类型的押解工作，警务任务较为繁重。而不公开开庭审理案件时，由于被告人在法庭审理期间仍然处于相对封闭的环境，所受外界的干扰少，特别是没有了来自被告人的亲属以及被害人家属和旁听人员的干扰，被告人的情绪不易出现较大的波动，相对于公开开庭的审理方式来说，不公开开庭庭审押解的安全能得到较好的保障。

（三）根据庭审规模大小，可以分为普通案件审判的押解、重（特）大案件审判的押解

庭审规模主要由受审被告人的数量、犯罪性质、参加庭审的旁听人数以及庭审时所使用的场所等因素来确定。

对于庭审规模不大的，被告人的人数在不满3名的、被告人的刑期不满10年有期徒刑的、社会影响小或旁听人数少的刑事案件，称为普通案件庭审任务，担负这种类型刑事案件的庭审押解，可称为普通案件审判的押解。

对于被告人在3人以上；被告人可能被判处10年以上有期徒刑、无期徒刑或死刑的；涉黑社会性质、恐怖组织犯罪等罪犯的；或社会影响较大、旁听人员较多的刑事案件，称为重（特）大案件庭审任务，担负上述刑事案件的庭审押解任务，称为重（特）大案件庭审押解。

（四）根据刑事案件中被告人的数量，可以分为单被告人的押解和多被告人的押解

单被告人的押解，是指需要执行押解警务的刑事案件只有1名在押被告人。

多被告人的押解，是指需要执行押解警务的刑事案件有2名或2名以上被告人。相对而言，多被告人的押解任务较之单个被告人的押解任务，在法庭调查阶段，以及在防范被告人之间串供、互相伤害等方面有着不同的要求。

（五）根据被告人拟判处刑种、刑期的不同，可以分为轻刑被告人的押解，重刑被告人的押解和死刑被告人的押解

轻刑被告人的押解是指对拟判处3年（包括3年）[1]以下有期徒刑、拘役等轻刑刑罚的被告人所采取的押解类型。

重刑被告人的押解是指对拟判处10年以上有期徒刑、无期徒刑等重刑刑罚的被告人所采取的押解类型。

死刑被告人的押解是指对拟判处死刑、死刑缓期二年执行等极刑刑罚的被告人所采取的押解类型。对于死刑被告人的押解，由于有诸多特殊性要求，本书不做解释。

（六）依据司法警察姿势进行分类

根据庭审押解中司法警察所采取的姿势不同，可以分为坐姿押解和站姿押解[2]。

坐姿押解是指在普通的庭审押解警务中，在法庭调查开始后，司法警察采取坐的姿势对被告人进行监管、看守的押解类型。坐姿押解可以为司法警察节省大量体力，以持续保持旺盛的战斗力。因此，在实践中，人民法院司法警察通常采用坐姿的方式执行庭审押解警务任务。

站姿押解是指人民法院司法警察在执行特别重大案件法庭审理任务，或押解重型犯、死刑犯时，始终采取站立的姿势，以便对被告人进行控制、管理和看守的押解类型。站式姿势押解因任务较重、要求较高以及庭审时间较长，会大量消耗司法警察的体力。因此，在实践中对担负此类押解任务的司法警察均采用轮班

---

[1] 这仅是从刑期这单一角度的进行划分，是否为轻刑的被告人，还要结合其所犯的罪行、造成的损害后果、悔罪表现等情况综合考察，不能简单予以划分。例如：一个同样被判处3年有期徒刑的罪犯，犯侵占罪与犯抢劫罪，情形就有很大的差别。

[2] 人民法院司法警察在法庭审理过程中并不是从庭审开始到庭审结束都必须采用坐姿的方式执行庭审押解警务任务。通常来讲，在法庭审理的几个阶段，并不是全部采取坐姿押解的方式，坐姿押解一般只在法庭调查和辩论阶段采用，而在法庭审理起始阶段、最后陈述以及宣判等审理阶段还都是采用站姿的方式押解。而要求采用站姿押解的庭审押解警务任务，采用了站姿押解却是不能随意改变为坐姿押解的，即从法庭开始审理至庭审结束，都应当采用站姿押解。

第一章 押解的概念和类型

的方式进行换岗[1]，以保持司法警察的体力和战斗力。

将庭审押解作上述划分的意义在于：一是为警队领导、押解负责人和执行具体押解警务任务的司法警察在安排或执行押解警务任务时，提供相关依据，以便其作出科学的判断和决策；二是要求人民法院司法警察注意区分各种不同的庭审押解类型及其不同的要求，以便在制定押解方案、确定押解警力、分配押解任务以及具体实施押解任务时，做到掌握重点，合理分配警力，保障警务工作的安全。这对人民法院司法警察队伍的各级领导和指挥人员、担任庭审押解任务的司法警察，都具有十分重要的指导意义。

四、其他情况下押解的分类

其他情况下的押解，主要是指以下几种情形：

（一）押解被告人到犯罪现场进行现场辨认

随着刑事审判庭审方式的改革，人民法院的职责是居中裁判，而这一具有侦查性质的押解任务，主要由各级公安机关人民警察担负，而人民法院司法警察不需要执行此类押解任务。但公安机关的人民警察，尤其是刑事侦查部门的警察（刑警），在侦查阶段还需要经常执行这一类型押解任务，主要是指认、辨认犯罪现场。

（二）押解在押的被告人参加民事、行政案件的诉讼活动

在民事、行政等案件的审理过程中，遇有在押的罪犯必须出庭的情形时[2]，就需要司法警察押解在押的被告人参加民事、行政案件的庭审活动。例如，作为离婚案件中的被告，其虽在押或在监狱服刑，但按照《中华人民共和国民事诉讼法》（以下简称《民事诉讼法》）的相关规定，因其是必须到庭的被告，人民法院要求其出庭，这时就需要派出司法警察执行押解任务，将这类被告押送至法庭参与民事案件的审理，以保障其合法权益。在这种情形下，民事、行政审判活动也涉及了押解工作。

（三）押解被告人进行司法鉴定

司法鉴定，包括司法精神病和其他生理功能的鉴定。被告人的精神和生理功能是否正常，其控制和辨认能力如何，具体一点讲，被告人是否为限制行为能力人和无行为能力人以及其某项生理功能是否正常，需要司法鉴定来做科学鉴别。在刑事案件审理过程中，被告人及其辩护人提出，或由审判人员依职权提出对被

---

[1] 庭审押解中的司法警察换岗，一般以1个~2个小时换位一次为妥，岗时司法警察所采用的是步伐为齐步走姿势，要求动作划一，规范有序，以不打断庭审为准。

[2] 民事案件开庭审理时，有部分被告人是必须到庭参加庭审的，当这部分被告是在押的被告人、罪犯的，应当由司法警察从看守所或监狱中提解并押送至人民法院受审，这也涉及押解工作。

告人进行司法鉴定，人民法院经审查后可安排其进行司法鉴定[1]。将在押的被告人送至医院等鉴定机构进行司法鉴定，是需要派出司法警察执行押解任务。而这一类押解工作任务，通常需要采用长途押解等押解工作方式，加之押解对象较为特殊，是一类十分特殊且艰苦的押解任务。

（四）因在审判活动中突发病症押解被告人前往指定医院检查治疗

这类押解任务更多的是被归入庭审押解时突发事件的处置范畴，但从押解对象的特殊性来说，也不妨称之为一种特殊情况下的押解。因这一类押解工作的押解对象存在特殊性、所处医院环境的开放性以及治病救人的紧迫性等极其特殊的情形，这些特殊性是对押解工作安全方面的重大考验，因此，执行此类押解任务的司法警察更需要有较强的责任心和警惕性。

（五）押解在押的被告人探望直系亲属[2]

这类押解任务是指因刑事案件的被告人的直系亲属患有急病或不治之症，可能将不久于人世或已经去世时，根据被告人及其他直系亲属的请求，要求见"最后一面"，人民法院从人道主义精神出发同意其会面，而需要派出司法警察执行押解任务的一种押解类型。

上面只列举了五种特殊情况下的押解任务或类型，所列举的押解类型不可能穷尽现实生活中所有的押解方式或方法。随着人民法院司法警察所保障的工作领域不断扩大，工作要求的日益规范，司法实践中将会出现更多不同情况的押解任务，需要司法警察不断去发现和总结。但无论是在何种特殊情况下，按时、准确、安全地将被告人押解到指定地点，保障审判工作的顺利、安全进行是押解工作始终不变的中心任务。

思考题

1. 押解的概念是什么？其含义有哪些？
2. 押解的特点有哪些？

---

[1] 对被告人或罪犯进行司法鉴定，是人民法院刑事审判的具体工作。根据《中华人民共和国刑法》（以下简称《刑法》）的规定，被告人为限制行为能力或无行为能力的，可以减轻甚至不负刑事责任。因此，如被告人、罪犯及其辩护人提出要进行司法鉴定的，人民法院审查后准许的，或是人民法院依职权提起司法鉴定的，就需要对被告人、罪犯予以司法鉴定。司法鉴定的范围为：精神病鉴定、性功能鉴定、亲子鉴定、视力鉴定、骨龄鉴定及其它生理功能鉴定等。

[2] 根据法律规定，这里所指的直系亲属应为直系血亲，允许与被告人或罪犯会面的直系血亲严格限制在以下三类人员：配偶、父母、子女。在会面时不得允许上述人员之外的其他人员在场，且必须采取严密的安全防范措施。其他亲属如提出会面申请，或被告人、罪犯提出与其他亲属会面申请的，一般不予以准许。

3. 途中押解有哪几种类型？
4. 庭审押解方式有哪几种类型？
5. 其他情况下的押解情形有哪几种？
6. 综合各类押解方式，你认为最为安全的押解方式是哪一种？为什么？

第二章　押解的依据和职责

学习目标
　　通过本章学习，了解押解的依据、明确押解人员的职责和要求。
学习重点
　　押解的职责、押解的要求。

【本章引例】
　　某省某中级人民法院司法警察执行庭审押解任务时成功制止被告人欲利用上厕所之机跳窗逃跑事件。
　　事情详细经过：20××年9月5日，某省某中级人民法院在下辖的某市人民法院审判法庭公开开庭审理被告人易××、魏××抢劫、强奸、杀人一案，该中院法警支队了解到该案的两名被告人可能都将被判处死刑，且易××原属武警班长出身，有一定的警体素质，属危险人物。故对其进行"二对一"的押解方式。庭审前，易××提出要上厕所，执行押解任务的司法警察同意并由2名司法警察对其进行监视。在厕所内，易××如厕完毕后扣裤子时，突然用左肘猛击负责近身监控的司法警察左胸部，将监控他的司法警察撞开，飞身窜上窗口并向约3.5米高的楼下跳去，担任监控任务的司法警察转身趋前一把抓向被告人易××的后背，因易××穿着紧身衣，未被抓住，但由于被司法警察抓碰了身体，易××跳出窗口下落时失去平衡而摔伤左脚，行动不便，被随后围堵的司法警察抓获。

第一节　押解的依据

押解的依据和职责教学课件

司法警察执行押解警务的执法依据主要有：

一、《中华人民共和国人民法院组织法》

为了规范人民法院的设置、组织和职权，保障人民法院依法履行职责，根据《中华人民共和国宪法》（以下简称《宪法》），第十三届全国人民代表大会常务委员会第六次会议于 2018 年 10 月 26 日对《中华人民共和国人民法院组织法》（以下简称《人民法院组织法》）进行了修订。《人民法院组织法》第 50 条第 1 款规定："人民法院的司法警察负责法庭警戒、人员押解和看管等警务事项。"该条规定了人民法院司法警察承担被告人押解的职责，是司法警察执行押解警务的法律依据。

二、《人民法院司法警察条例》

《人民法院司法警察条例》

最高人民法院于 2012 年 10 月 29 日颁布了《司法警察条例》，该条例规定了司法警察的职责、采取强制措施、使用警械及武器等方面的执法依据。

1. 明确了司法警察的基本职责。该条例第 7 条规定：人民法院司法警察的职责：①维护审判秩序；……③刑事审判中押解、看管被告人或者罪犯，传带证人、鉴定人和传递证据……

2. 明确了采取强制措施的执法依据。该条例第 9 条规定：对以暴力、威胁或者其他方法阻碍司法工作人员执行职务的，人民法院司法警察应当及时予以控制，根据需要进行询问、提取或者固定相关证据，依法执行罚款、拘留等强制措施。第 12 条规定：人民法院司法警察在履行职责过程中，遇当事人或者其他人员实施自杀、自伤等行为时，应当及时采取措施予以制止和协助救治，必要时应当对其采取约束性保护措施，并视情节移送公安机关。第 13 条规定：对严重扰乱人民法院工作秩序、危害人民法院工作人员人身安全及法院机关财产安全的，人民法院司法警察应当采取训诫、制止、控制等处置措施，保存相关证据，对涉嫌违法犯罪的，及时移送公安机关。

3. 明确了使用警械及武器的执法依据。该条例第 14 条规定：遇有脱逃、拦劫囚车、抢夺枪支或者其他暴力行为的紧急情况，人民法院司法警察可以依照国家有关规定适用警械；使用警械不能制止或者不使用武器制止可能发生严重后果的，可以依照国家有关规定使用武器。

三、《人民法院司法警察刑事审判警务保障工作规则》

《人民法院司法警察刑事审判警务保障工作规则》

为了规范人民法院司法警察刑事审判警务保障工作，保障刑事审判活动安全有序进行，根据《中华人民共和国刑事诉讼法》（以下简称《刑事诉讼法》）、《人民警察法》、《中华人民共和国人民法院法庭规则》、《司法警察条例》等法律、法规以及相关规范性文件，最高人民法院于2019年修订颁布了《刑事审判警务保障工作规则》。

该规则明确地规定了押解的性质、职责、程序、任务和要求等内容，是司法警察执行押解警务的主要执法依据。

1. 明确了司法警察押解的性质。该规则第16条规定："押解是司法警察在刑事审判中，依法强制将被告人从看守所或者其他监管机构押到法庭接受审判，再将其押回看守所或者其他监管机构，保障审判活动安全有序进行的职务行为。押解包括提押、庭审押解、还押三个环节。"

2. 明确了司法警察押解的职责。该规则第17条规定："司法警察押解职责：①将被告人提押到法院指定的羁押场所；②将被告人从羁押场所押解到法庭；③将被告人还押到看守所或者其他监管机构；④防止被告人串供、接触与押解无关的人员；⑤预防和处置被告人脱逃、行凶、自杀、自伤或者其他危险行为；⑥处置押解中的其他突发事件。"

3. 明确了司法警察使用警械、武器和采取措施的执法依据。该规则第8条规定：司法警察应当根据《人民警察使用警械和武器条例》《人民法院司法警察佩带使用枪支办法》《人民法院司法警察不同执勤岗位警用装备配备标准》等规定和案件的风险评估情况佩带使用警械、武器和其他警用装备。

该规则第19条第5款规定：司法警察执行提押时"对被告人规范使用戒具"。

该规则第20条规定：司法警察执行庭审押解时在"庭前向审判长或者独任审判员确认是否解除被告人戒具"和"依照审判长或者独任审判员的指令，解除被告人戒具"。

该规则第 21 条规定：司法警察执行庭审押解时"对人身危险性大或者有脱逃、自杀、自伤等倾向的被告人不得解除戒具"。

该规则第 23 条规定：司法警察执行还押时"对被告人规范使用戒具"。

4. 明确了司法警察监控管理的执法依据。该规则第 21 条规定：司法警察执行庭审押解时"不得让被告人与无关人员接触"；"如遇法庭内突发紧急情况，应当严密控制被告人，不得擅离岗位，情况紧急时可以将被告人暂时带离法庭"。

该规则第 24 条规定：司法警察执行提押、还押时"严密监控被告人，及时处置突发情况"。

四、《人民法院司法警察执法细则》

为了进一步完善人民法院司法警察执法制度，规范司法警察执法行为，保障人民法院审判执行工作安全有序进行，根据有关法律、法规以及相关规范性文件，最高人民法院于 2019 年修订颁布了《执法细则》。

该细则规定了司法警察押解的职责、戒具的使用、对被告人进行控制和安全检查等方面的内容。

1. 明确了押解的职责。该细则的"第二章刑事案件审判警务保障 2-1. 职责"中规定，"押解、看管被告人"。

该细则的"第二章刑事案件审判警务保障 2-4.1. 提押"中规定："在刑事审判活动中，依法强制将被告人从看守所或者其他羁押场所安全、准确、按时押解到人民法院指定羁押场所。"

2. 明确了使用戒具的执法依据。该细则的"第二章刑事案件审判警务保障 2-4.1. 提押"中规定："确认已更换识别服后，迅速对其使用戒具。使用戒具时，应当由两名司法警察协同实施，一名司法警察对被告人实施有效控制，另一名司法警察实施操作。对重大案件被告人及可能发生脱逃、行凶、自杀、自伤和其他危险行为的被告人，可以使用其他保护性约束警械。"

该细则"第二章刑事案件审判警务保障 2-4.3. 庭审押解"中规定开庭前向审判长或者独任审判员确认是否打开戒具。对于人身危险性大，或者有脱逃、自杀、自伤等倾向的被告人，不得解除戒具。司法警察部门与案件承办部门意见不一致的，可报请分管刑事审判工作的院领导决定。庭审期间，司法警察发现已解除戒具的被告人有脱逃、行凶、自杀、自伤和其他危险行为倾向或者举动，应当及时向审判长或者独任审判员报告，对被告人使用戒具。

该细则"第二章刑事案件审判警务保障 2-4.5. 还押"中规定：审判活动结束后，司法警察应当对被告人使用戒具，进行安全检查，及时将被告人押回看守所或者其他监管机构。

3. 明确了对被告人进行控制的执法依据。该细则"第二章刑事案件审判警务保障2-4.3. 庭审押解"中规定：在庭审过程中，司法警察可以使用被告人桌椅或者其他束缚措施，对被告人实施有效控制。使用专用约束椅时，两名司法警察分别控制被告人肘部，一名司法警察打开束缚板，另一名司法警察按压被告人肩部，示意其坐下，被告人坐下后对束缚板加以固定。需要被告人站立时，依照审判长或者独任审判员的指令，为其打开束缚板，并对其实施有效控制。被告人站立时，司法警察应当位于被告人两侧后方，并保持有效控制距离。开庭宣判时，当审判长宣布有罪判决后，司法警察应当立即对被告人实施控制，并迅速戴上戒具，采用一手抓住肘部、一手按压被告人肩部的押解动作，严密控制被告人。

关于未成年被告人使用戒具的情况[1]，由于法律规定不明确，各地做法不一。

4. 明确了司法警察对被告人安全检查的执法依据。该细则"第二章刑事案件审判警务保障2-4.1. 提押"中规定：司法警察"采取手持金属探测器与手工相结合的方式逐一对被告人进行安全检查。安全检查应当由两名司法警察协同实施，一名司法警察对被告人实施有效控制，另一名司法警察进行安全检查。①安全检查时，必须对头部、口部、胸部、腹部、腋下、手部、背部、腰部、臀部、裆部、腿部、脚部以及被告人衣领、衣角、口袋、鞋、袜进行检查，尤其注意通过触、压等动作进行手工检查。②女性被告人由女性司法警察实施安全检查。③对于患有传染病的被告人实施安全检查时，司法警察以及被告人均应当戴防护口罩、防护手套等，司法警察可着隔离服或者采取其他防护措施。④被告人不得随身携带任何物品。诉讼材料或者必备药品等确实需要携带出监管机构的物品，应当交由司法警察进行保管，待需要使用时交被告人当面使用，使用后再由司法警察进行保管，还押时交还监管机构。司法警察应当就必备药品的保管与使用与监管机构医务人员提前沟通"。

该细则在"第二章刑事案件审判警务保障2-4.5. 还押"也规定有安全检查

---

[1] 关于对未成年被告人是否使用戒具的问题：2004年颁布《人民法院司法警察押解规则》第8条第3项规定，司法警察执行庭审押解时：对被告人一般不得使用戒具。涉及重大案件被告人的开庭，可以根据安全需要使用戒具；对未成年被告人一律不得使用戒具。2013年3月7日颁布了《执法细则（试行）》"第二章 刑事案件审判警务保障2-4.3. 法庭押解"中规定：对于重大案件被告人，可能发生自伤、自杀、行凶、脱逃或其他危险行为的被告人不得解除戒具。在法庭上不得对未成年被告人使用戒具，但未成年被告人却有人身危险性、可能严重妨碍庭审活动的除外。对未成年被告人必须使用戒具的，在现实危险消除后，应当立即停止使用。2019年修订的《执法细则》中对未成年被告人在庭审期间是否使用戒具未作规定。

的要求。

五、《人民法院司法警察预防和处置突发事件规则》

《人民法院司法警察预防和处置突发事件规则》

为了预防和减少人民法院工作中发生的突发事件，规范人民法院司法警察预防和处置突发事件工作，保护法院干警及人民群众的生命财产安全，保障人民法院审判执行工作的安全有序进行，根据《中华人民共和国突发事件应对法》《人民警察法》《人民警察使用警械和武器条例》《司法警察条例》等法律、法规及相关规范性文件，最高人民法院于 2019 修订颁发了《人民法院司法警察预防和处置突发事件规则》（以下简称《预防和处置突发事件规则》）。

该规则从整体上对司法警察执行刑事审判警务保障任务中预防与处置突发事件的原则、工作机制、处置程序和要求作了规定。

第二节 押解人员的职责

一、押解的职责

根据《刑事审判警务保障工作规则》第 17 条的规定，司法警察执行押解警务的职责主要有：

（一）将被告人提押到法院指定的羁押场所

押解工作是刑事审判活动必不可少的组成部分。司法警察应准确、及时、安全地将被告人押送至法院指定的羁押场所，防止错提、漏提。

（二）将被告人从羁押场所押解到法庭

在刑事审判活动中，司法警察依照审判长或者独任审判员的指令将被告人押解到法庭接受审判，应确保带入、庭审、带离过程安全，是司法警察的职责，也是押解保障性特点的体现。

（三）将被告人还押到看守所或者其他监管机构

庭审结束后，司法警察应当及时将被告人还押至看守所或其他监管机构。

司法警察执行还押时应当对被告人规范使用戒具,核对被告人身份及人数,对被告人进行安全检查,按规范要求对被告人分配车辆、座位等,妥善办理交接手续。

(四)防止被告人串供、接触与押解无关的人员

司法警察在执行押解任务时,应严守押解纪律,严密看管被告人,不得让无关人员接触被告人,防止被告人串供。

(五)预防和处置被告人脱逃、行凶、自杀、自伤或者其他危险行为

司法警察执行押解任务的对象是在押的刑事被告人,由于被告人人身危险性大,押解又处于运动状态,外部环境往往变化多样,容易发生被告人脱逃、行凶、自杀、自伤或者其他危险行为,执行押解警务的司法警察必须事先通过询问、了解和分析、研判,掌握被告人的相关情况和动向,切实做好各项准备工作,确保押解工作绝对安全。押解过程中遇有被告人脱逃、行凶、自杀、自伤或者其他危险行为时,司法警察应沉着冷静、灵活果断地予以处置,处置后应立即报告。

(六)处置押解中的其他突发事件

司法警察在提押、庭审押解、还押过程中遇有妨碍押解工作或影响押解安全的情况,能够独立完成或当场制止的,可以依职权及时有效处置。

二、押解人员的具体职责

押解作为一项警务任务,一般先由人民法院刑事审判庭等业务部门根据审判工作的需要向司法警察部门提出将涉案的被告人押送至审判法庭接受审判或参加诉讼的要求[1]。司法警察部门接受押解任务后,司法警察部门领导应对押解任务进行科学合理分配,确定押解警务负责人、担任具体押解任务的司法警察职责,组成押解分队(组)[2]。如有司法警察部门领导参与的,司法警察部门领导为押解警务负责人;如没有司法警察部门领导参与的,应当指定押解警务负责人。押解警务负责人负责押解警务的组织、指挥、管理和协调等工作,其他司法警察负责押解警务的具体实施工作。

由此可见,押解的职责可分为押解警务负责人的职责和具体执行押解警务人

---

[1] 需要押解被告人或罪犯到庭接受审判的业务庭,除了各级人民法院刑事审判庭外,中级、高级和最高人民法院的审判监督庭因再审案件的开庭需要,必须将在押的被告人、罪犯押送到审判法庭参加诉讼。如在监狱服刑的罪犯,通过申诉的方式提出再审要求,经人民法院审查认为需要立案审查的,提请院长决定再审。院长决定再审的,再审程序即启动。也就是说,刑事再审案件开庭审判的对象一般为尚在监狱服刑的罪犯,当再审案件需要开庭的方式审理时,此时就需要由司法警察来执行押解任务。

[2] 警队领导分配押解任务,除了被告人特别多的团伙案件和重(特)大案件被告人的押解外,一般性的押解任务都轮流分配给警队成员执行。

员的职责。

（一）押解警务负责人[1]的职责

押解分队（组）如有警队领导（队长、中队长、警长、组长）参与的，警队领导为押解负责人。押解分队（组）如没有警队领导参与的，应当指定该项押解任务的临时负责人。押解负责人负责押解任务的组织、指挥和协调等工作，其他司法警察负责押解任务的具体实施工作。无论是警队领导，还是临时负责人，作为押解负责人，都应当明确其职责。

1. 领受任务、了解情况。

（1）领受任务。领受任务就是指接受押解工作任务。接受押解工作任务的主要方式是由警队领导将调警单、提押票等手续交给押解负责人，由其组织实施押解任务[2]。当然，接受任务这一程序不仅仅只是移交押解材料。对于警队领导来说，还应就有关押解安全以及其他掌握的情况对押解负责人提出要求和予以交待。对于押解负责人来说，在接受押解任务时，首先，要对材料进行查验，对于不符合规定的调警单、提押票等材料可以提请警队领导要求业务庭补充或补正[3]。其次，对于一些事关押解安全必须掌握的情况，要主动进行询问，及时予以掌握。最后，做好各项准备工作，适时领用武器、警械等装备。

（2）了解情况。就是要了解一切有关押解安全的情况，其中包括各被押解人的犯罪性质、认罪态度、相互关系、身体状况等。一是被告人的情况，要了解被告人的基本情况，如姓名、性别、出生年月、籍贯、住址、案由（统称"被告人六项"）[4]；二是要了解与被告人相关人员的情况，如被告人的家属、亲友的情况，以及上述人员对案件审理的态度；三是被害人及其家属、亲友的情况，特别是要注意被害人家属、亲友对案件审理的态度；四是被告人的认罪态

---

[1] 这里所指的司法警察领导是指在某次押解警务任务中担任组织、指挥、管理和协调工作的司法警察领导。一般由人民法院司法警察队的队长、政委及内设机构领导等人员担任，特别重大的押解警务任务也可由上级司法警察队领导或本院院领导担任。如执行死刑押解工作隶属于执行死刑整体警务，统一由司法警察队所在的人民法院院领导担任总指挥，副总指挥由刑庭和警队领导分别担任。在具体押解任务中担任押解负责人的司法警察队领导，负责对死刑押解任务负责，并对作为担任执行死刑刑场副总指挥的警队领导负责。

[2] 刑事审判等业务庭需要提请司法警察执行押解任务，一般需要移交的材料因案件所处在不同的审理阶段而有所不同：一审案件，业务庭应提交警队的材料为调警单（令）、提押票和起诉书；二审案件，业务庭应提交警队的材料为调警单（令）、提押票和一审判决书；再审案件，审判监督庭应交警队的材料为调警单（令）、提押票、各省级监狱管理机关的批复函和终审（二审）判决书。

[3] 对于押解材料的查验必须非常严格，尤其是对提押票的查验一定要格外细致，主要要查验的是提押票的数量、提押票填写的情况与判决书上的情况是否一致、调警单是否经各业务庭领导批准等。

[4] 被告人的基本情况并不止这六项，还有许多情况需要了解，但这六项是必须了解的。"被告人六项"作为在执行押解任务前必须了解的情况，在本教材以后章节中将会经常出现。

度；五是各被告人之间的相互情况；六是各被告人的情绪和身体状况。

了解被告人情况的途径有：一是从起诉书、判决书中了解。起诉书和判决书中一般都有被告人情况的详细介绍，特别是对犯罪情节、危害结果、犯罪手段都有叙述，这是了解情况最重要的途径；二是从调警单中了解。对于特别重大或需要特别注意安全的案件，刑事审判等业务庭会在调警单中加以注明，这些注明是司法警察了解被告人或罪犯情况的途径之一；三是从案件承办人处了解，案件承办人通过阅览案卷，熟悉了被告人或罪犯的各种情况，从其处了解，能较为全面地掌握被告人、罪犯的情况；四是从看守所或监狱监管人员处了解，从监管人员处了解到的情况，主要是被告人、罪犯在羁押场所的表现，对此，司法警察应当予以特别关注[1]。

2. 拟定方案、调配警力。押解负责人负责要对押解任务拟定具体的实施方案[2]。押解负责人应根据了解到的案情、被告人的数量以及涉及押解安全等情况，制定相应的押解实施方案。押解实施方案应包括以下几个方面的内容：一是要明确押解的组织领导和警力配备；二是要明确押解方式；三是要明确押解的时间、地点、路线等客观要求；四是要明确押解纪律或要求；五是要有突发事件处置预案。调配警力时，要在警务方案的基础上，按照押解任务的具体要求，选定责任心强、业务能力较强、精干的司法警察担任押解任务。警力配备的标准应遵循《刑事审判警务保障工作规则》的规定[3]。

3. 组织警力、分配任务。押解负责人在执行任务前要认真做好相关的准备工作，这些准备工作主要是指：一是领用警械和武器，人民法院司法警察在押解任务中需要配备武器的情形，主要有：案件比较重大、复杂；被告人是可能判处死刑及已被判处死刑的罪犯；执行死刑押解任务。司法警察使用警戒具的情况要严格按照《人民警察使用武器和警械条例》的规定，需要准备的警械有约束性

---

[1] 被告人、罪犯在看守所和监狱监管期间的表现，直接反映了其人身危险性。从其在监舍里的表现可以判断其对审判的态度以及有无脱逃、自杀、自伤、自残等可能性。了解这些情况，可为司法警察安全执行押解任务，防范突发事件的发生，打下良好的基础。因此，对于这类情况，司法警察负责人应当格外关注。

[2] 《刑事审判警务保障规则》第7条的规定，对于被告人人数较多或其他重大刑事案件的警务保障工作，司法警察部门应当制定"警务保障实施方案"。实施方案包含组织指挥、警力部署和"突发事件应急处置方案"等内容。

[3] 根据最高人民法院下发的《刑事审判警务保障工作规则》第18条第3项的规定，押解警力配备原则为：1名被告人至少由2名司法警察押解，重大案件的被告人至少由3名司法警察押解，女性被告人由女性司法警察押解的要求配备警力。

的警械，如手铐、脚镣和警绳；还有制服性的警械，如电警棍、橡皮警棍等[1]。二是检查专用囚车。在执行押解任务前，要对专用囚车进行安全检查和维护，排查安全隐患，如专用囚车车况、囚车囚笼内有无杂物等。

押解负责人根据了解到的情况，进行综合分析后，对押解任务进行分解并分配至每名参加押解任务的警员。在分配任务时，应当根据各被告人的具体情况进行分配，对于可能或已被判处死刑、无期徒刑以及主观恶性、人身危险性极大的被告人，要配备最强的警力进行押解。任务分配完毕，押解负责人还要对参与押解任务的司法警察进行思想动员，尤其是对重（特）大案件被告人的押解任务，必须进行动员，以提升士气、严肃纪律、保障安全[2]。

4. 现场指挥、科学决策。押解负责人对全体参与执行押解警务的司法警察发布指令，负责押解警务现场的组织、指挥、协调和管理，以保障押解警务安全有效进行。面对突发事件，在查明情况后科学决策，及时、果断地处理各种情况，并负责向上级领导和部门请示报告情况，确保担任具体押解任务司法警察的人身安全，严防被告人失控，以身作则，带领全组（队）司法警察人员圆满完成押解任务。

5. 管理弹药、确保安全。执行押解警务中，一般由押解负责人负责武器弹药和警械具等装备的管理工作，押解负责人应采取切实措施防止武器和装备被盗、丢失以及安全事故的发生。如果需要配备武器的，那么一般应将武器配发给押解负责人、押解小组组长等骨干，并由押解负责人来管理、保管。警械具的配发、保管和管理，也应以押解负责人负责为主。无论是武器弹药，还是警械具，在保管、管理和使用的过程，要特别注意使用方面的安全问题，及时消除安全隐患，防范和杜绝涉枪涉弹药事故的发生。

6. 协调各方、互通有无。押解警务是刑事审判警务保障中的重要组成部分，押解负责人还负有协调上下左右的职责，除了与法院内部业务庭相关人员、看守所或监狱相关人员联系、协调工作外，为保障押解任务的顺利完成还应与负责看管、法庭警卫、值庭等警务任务的司法警察做好协调工作，使刑事审判警务保障工作的各个环节安全交接，杜绝各类事故的发生。通过押解负责人的协调工作，不仅能使执行具体押解任务的司法警察之间能够掌握各自任务的重点，还能让其

---

[1] 在押解任务中，人民法院司法警察需要携带的武器和警械具，具体还要结合实际所执行的警务任务而定，并不是一成不变的。对于一般性的、轻微的刑事案件开庭审理的押解任务，可以不配或少配武器，配备一些必要的警用装备即可。而押解重大案件、人身危险性较大的被告人，以及死刑罪犯或可能判处死刑的被告人，应当配足配强武器和警械具。

[2] 重（特）大押解任务的战前动员，除了由押解负责人动员外，也可邀请警队的政治委员来动员，以发挥政治委员在政治上指导力和宣传能力，或许可以取得意想不到的效果。

知道其与下一阶段执行其他警务任务的司法警察如何进行交接,以及与警队外部相关部门和人员的配合,以便让全体参与刑事审判保障警务的司法警察做到信息互通有无、任务明确、协作配合,真正做到有备无患。

(二)押解人员职责[1](也称执行、担任具体押解任务司法警察的职责)

押解人员是指在押解任务中执行押送、看守(警戒、监控)、管理、教育被告人等具体押解任务的司法警察。押解人员在押解任务中,一方面担负着控制并押送、警戒(监控)、管理、教育被告人等具体职能,另一方面还有执行上级命令,与其他参与任务的司法警察互相配合、协助等职责。押解人员通过履行其职务行为、落实职责而承担押解任务的安全,是保障押解任务安全的第一道防线,是安全防范工作的起点,其职责履行情况,直接关系到押解任务的安全。

具体执行押解警务人员的职责主要有:

1. 接受任务、明确职责。在执行押解任务前,担任具体押解任务的司法警察应当提前熟悉押解工作的有关规定,了解掌握本次押解任务以及本人的职责,这是做好押解工作,确保押解工作安全必须事先要做的一项工作内容。明确职责,就是按照需要具体执行的押解工作任务要求,确保的押解工作的顺利进行。

2. 负责控制并押送被告人。执行具体押解任务的司法警察,从看守所或其他监管场所民警交付并接收到应负责押解的被告人时起,应当严格控制被告人,要将被告人始终处于可安全控制的距离,不得让其脱离自己的视线,并按照《刑事审判警务保障工作规则》关于押解工作的要求在提押(解)、庭审押解和还押等过程中规范化地执行押解任务。司法警察控制被告人时要格外细致,特别是在押解被告人上下囚车、进出法庭等动态的环境中,司法警察要始终抓住被告人的肘部、手铐或手臂,以防范被告人的不法行为[2]。

3. 监控、管理被告人。在押解任务中,司法警察负有监视被告人的职责。具体如下:①对被告人的行为进行全面监视和控制;②防止同案被告人之间的串供、传递信物、互相伤害等行为;③防止范成年犯对未成年犯、男犯对女犯的不法侵害或其他不利影响;④特别是要对被告人脱逃、自杀、自残等严重影响押解安全的行为进行严密监控,防范事故的发生。在押解任务中,司法警察还负有管理被告人的职责,主要是:①在对被告人的饮食、卫生等生活事宜进行管理,保

---

[1] 这里所指的押解人员是指在押解任务中,直接执行监视、管理和警戒被告人具体职能的司法警察,是与押解任务中担任领导任务的司法警察相对应的一类司法警察人员。

[2] 这里所指的被告人的不法行为有:被告人上下车船、进出法庭时,突然挣脱司法警察而脱逃、自杀、自残等行为,由于被告人在做这些行为时具有突然性,极有可能对押解任务造成很大的冲击,从最高人民法院对历年来发生在全国法院司法警察中的警务事故通报情况来看,被告人上下车船、进出法庭时,趁司法警察疏于监控之机意图脱逃、自杀、自残的事件及事故时有发生。

障被告人的基本人权；②对女性被告人进行卫生等生活事宜的管理，应当由女性司法警察负责。

4. 担负警戒职责，保障被告人的人身安全。押解工作中的不安全因素，有两个方面，一方面是因被告人所固有的人身危险性可能对警务安全带来危害外；另一方面是除被告人之外的，来自于外界可能侵犯被告人人身安全的不安全因素，这些不安全因素主要针对的是被告人的人身安全，但对押解工作安全带来的危害不可小觑。因此，司法警察还负有警戒的职责，保障被告人的人身安全。这些危险因素主要有：①来自于被告人的家属或未被采取强制措施的潜逃在外的犯罪人员与被告人之间传递信物、串供，以及进行抢夺、伤害、甚至杀害等不法行为；②被害人家属对被告人的谩骂引起暴力冲突，以及侵袭、伤害、攻击被告人等不法行为；③旁听人员以及其他群众对被告人的侵袭。对于上述来自外界的不法侵害，司法警察要强化防范能力，防备来自于外界的不法行为对被告人的侵袭，以保障被告人的人身安全。

5. 教育被告人。在押解任务中，人民法院司法警察负有对被告人进行教育的职责。具体内容和方法如下：①在押解任务开始前，司法警察应当按照最高人民法院下发的《最高人民法院关于人民法院司法警察执行公务时使用告知词的通知》，对被告人宣布押解纪律；②被告人违反押解纪律的，首先应当对其进行教育，教育后仍然不能改正的，应当予以口头警告，警告后仍不遵守纪律和服从管理，可用警械强制其遵守押解纪律和秩序，服从司法警察的管理；③进行适当的普法教育，教育其遵守国家法律，促使其认罪服法，平复其情绪，安抚其精神，保障押解工作平稳、安全、顺利地进行。

6. 互相配合、互为支持，协同完成押解任务。在押解任务中，参与执行押解任务的司法警察，都负有互相配合、支持、协作，共同完成押解任务的职责。按照《刑事审判警务保障工作规则》的规定，每次不得少于两名司法警察共同执行押解任务。每次安排两名以上司法警察共同执行押解任务，除了强化警力，保障安全的因素外，还有要求互相配合，实行团队合作的理念在内。执行押解任务时，司法警察之间必须互相配合、互为支持。可以想象，离开了协作、支持和配合，司法警察就不能凝聚成一个团队，就会失去战斗力，成为一盘散沙，直接后果就是可能出现安全漏洞，会让被告人或者其他可能危害押解工作安全的人员钻空子，从而危及押解工作的整体安全。因此，一项押解任务能够得以顺利、安全的完成，是全体参与任务的司法警察发挥团队协作精神的结果，绝不是某个人或其中某几个人的功劳。况且，在遇到突发事件时，司法警察之间互相协作、支持和配合是应对突发事件就有力的武器，相反，如果司法警察之间有令不行、各自为政，就难以集中力量应对突发事件。

第三节　押解的要求

一、服从命令、听从指挥

司法警察在执行提押（解）、庭审押解和还押警务过程中，应当服从司法警察警队领导和押解负责人的命令；在法庭审理的过程中，担任庭审押解任务的司法警察应当听从审判长或独任审判员的指令履行职责，不得擅自行动。人民法院司法警察在执行押解警务时要听从警队领导和押解负责人的命令，是由所执行的押解警务的性质、军事化管理的要求以及警察属性等内在因素决定的。司法警察执行押解警务是为了保障刑事审判活动的顺利进行，在法庭审理过程中，参与法庭审理的司法警察当然还必须听从审判长或独任审判员的指挥（指令）。

二、提高警惕、保障安全

司法警察在执行押解警务时，要提高警惕，严格监管被告人。司法警察应当充分发挥责任心，保持高度戒备的防范心理，对被告人的行为进行不间断地监控；同时，还要注意观察周围环境，发现可疑情况，及时报告并妥善应对。司法警察在执行押解警务时应当将被告人置于可控的范围内，严密注意被告人的动态；不得将被告人处于放任自流、无法控制的状态，更不得让无关人员与被告人单独相处或近距离接触。司法警察应当教育被告人要遵守有关规定不得违反押解纪律，被告人违反纪律的行为应当警告或制止，以保障安全和规范被告人的行为。

三、严守纪律、规范执法

司法警察在执行押解警务过程中，应严格遵守看守所或其他监管机构的规章制度；不得让无关人员接触被告人；不得与被告人随意交谈或询问案情，不得有妨碍审判活动的行为；专用囚车内不得搭乘与押解工作无关的人员；押解残疾、行动不便的被告人，可以根据需要使用辅助设备及器械；严密监控被告人，及时处置突发情况；规范使用警灯、警报器。

四、警容严整、文明履职

司法警察应当按照规定着装，佩戴人民警察标志或者持有人民警察证件，保持警容严整、举止端庄。执行押解任务时要着装整齐、精神饱满、动作规范、语言文明。特别需要注意的是,在季节转换时节,不得将不同季节的制服混穿,执行同一任务的司法警察之间的服装应当保持着装一致。

司法警察执行押解警务时,应当严守押解纪律,精神集中、态度严肃;不得打骂、侮辱或者变相体罚、虐待被告人;执行任务需要命令被告人时,应当使用规范用语,对被告人宣布纪律时,应当使用告知词,做到文明押解。

五、沉着应对、处置得当

押解过程中遇有突发事件等紧急情况应立即报告,并应当沉着冷静、灵活果断地予以处置,处置后应及时报告。在处置时,应当坚持以确保被告人不失控为主要目标。因力量不足无法处置的,应即时报告。在处置过程中,应当遵守《人民警察使用警械和武器条例》《警务保障工作规则》《执法细则》《人民法院司法警察预防和处置突发事件规则》等相关规定。

1. 押解的依据有哪些
2. 押解的职责有哪些?
3. 押解的要求有哪些?

第三章　押解前准备工作

学习目标

　　了解执行押解警务的前期准备工作要点；明确司法警察受领押解警务的步骤；掌握武器和警械具的配备与检查；掌握提押票的审核要点；掌握押解方案的制作。

学习重点

　　司法警察受领押解警务的步骤；司法警察配备武器和警械具的步骤；提押票的审核要点；押解方案的制作。

【本章引例】

　　司法警察支队接到一项押解任务，即于某日上午9∶30，将关押于本市看守所的涉嫌贩卖、运输毒品（2公斤）的被告人关××、谢××、李××押送至某市中级人民法院刑事第二审判庭接受审判（附：起诉书副本1份、提押票1张）。

引例分析

第一节　押解警务受领

　　押解前的准备工作是押解工作的一个重要阶段，准备工作的好坏直接关系能否顺利完成押解警务。在执行押解警务前，需要有一个受领任务的过程并做好前期准备的工作。押解前的准备工作需要司法警察领导和单个司法警察共同去完成的。司法警察领导需要担负的押解准备工作主要有两个方面：一是警力配备；二是警务保障，如各种物力配备。对于单个司法警察来说，准备工作需要注意的方面是心理准备和物件的准备，如必要的武器、警械具配备和检查。

一、司法警察领导（押解负责人）押解前期准备工作

司法警察领导（押解负责人）押解前期准备工作教学课件

（一）制定押解方案

司法警察领导（押解负责人）在接到刑事案件承办部门的用警申请后，根据随案移送的起诉书副本，熟悉并了解庭审时间、地点、基本案情、社会影响，掌握被告人人数、羁押地点、在押表现、身体健康状况以及相关注意事项等内容。

对于被告人人数较多或者重大案件，根据庭审时间、地点、规模、案情、被告人基本情况、场地条件以及社会影响等因素，制定警务保障实施方案。方案包括组织指挥、警力部署、突发事件预防处置措施、勤务保障等内容。押解方案主要有两种形式，一是文字方案，二是表格方案。一般比较重大、复杂或社会影响较大的案件往往需要制定文字方案，比较简单的案件既可以制定文字方案也可以制定表格方案。

1. 文字押解方案。在制作文字押解方案时，方案标题直接使用关于×××（姓名）×××（案由）一案开庭审理司法警察押解工作警务方案，从标题可以直接判断案由，方案主要内容包括被告人的基本情况（姓名、性别、民族、出生日期、身份证号码、文化程度、职业、住址等，本案有几个被告人写几个被告人的上述情况）、指挥机构、警力配备及职责、任务实施、押解车辆信息、突发事件处置预案、特别要求、附件〔调警单、提押票、起诉书副本或一审判决书（裁定书）、路线图、药品、联系方式等〕，特别重大案件必须设定指挥机构，必要时可以单独安排指挥车辆和专门的联系方式。结合本章引例，制作文字方案如下：

附：警务方案参考案例（文字方案）

关于被告人关××、谢××、李××贩卖、运输毒品一案
开庭审理司法警察押解工作警务方案

为保障本院刑事审判庭公开开庭审理被告人关××、谢××、李××贩卖、运输毒品一案押解任务的顺利进行，特制定押解警务方案。

一、基本情况

被告人关××,男,1971年7月2日出生,居民身份证号码××××××××××××××××,×族,高中文化,无业,被捕前住××省××市××区××小区19栋2单元401室。

被告人谢××,男,1978年5月10日出生,居民身份证号码××××××××××××××××,×族,初中文化,农民,被捕前住××省××市××区××镇××村10组6号。

被告人李××,男,1968年10月3日出生,居民身份证号码××××××××××××××××,×族,初中文化,无业,被捕前住××省××市××区××小区10栋1单元2号。

二、指挥机构

为确保本次押解任务安全、顺利地完成,由副支队长张××统一组织指挥。

三、警力配置及其职责

法警一大队大队长赵××担任押解组组长,负责押解工作的协调指挥。

法警一大队法警安××、黄××、钱××、孙××、周××、吴××、郑××、王××、冯××、陈××、楚××、程××负责提押和法庭押解。

四、任务实施

(一)具体工作安排

1. 押解工作协调指挥:大队长赵××
2. 负责核对被告人基本信息:安××
3. 负责被告人人身检查:黄××、钱××
4. 负责押解被告人关××:孙××、周××
5. 负责押解被告人谢××:吴××、郑××
6. 负责押解被告人李××:王××、冯××
7. 机动人员:楚××、程××
8. 指挥车驾驶员:方××
9. 1号囚车驾驶员:姜××
10. 2号囚车驾驶员:曾××
11. 3号囚车驾驶员:龚××
12. 联络人:陈××

(二)车辆保障

指挥车:川A000警

1号囚车:川A001警

2号囚车:川A002警

3号囚车:川A003警

囚车驾驶员负责对囚车及车上相关设备进行安全检查,并确保囚车在出发前

10分钟停在出发位置。

（一）装备准备

1. 押解组组长赵××、机动人员楚××、程××佩带武器，出发前10分钟领好枪支弹药，并负责对武器装备的安全检查。任务结束后统一将枪支弹药上缴枪械库。

2. 其余10人出发前10分钟领完警用器械，并检查好手铐脚镣等相关警械，确保警械完好不影响使用。

五、突发事件处置

1. 途中遇到交通阻塞时，应该在负责人的指挥下使用备用路线图，及时安全地将被告人押至人民法院候审。

2. 如遇被告人突发疾病，应及时送医，同时将情况报告给审判长，确保被告人安全。

3. 庭审时，如遇旁听席人员哄闹，负责押解的法警应注意控制被告人并保护被告人的人身安全，如需要休庭，押解组组长可示意审判长休庭，休庭后及时将被告人带至羁押室，待秩序恢复后，审判长宣布复庭时再将被告人带进法庭。

六、要求

开庭当天，参加庭审保障任务的全体司法警察统一着春秋常服，男戴大檐帽，女戴翻檐帽，统一戴白手套。

七、附件

1. 线路图（包括备用路线）

2. 部署图

3. 联系方式（院领导、庭长、审判长、书记员、法警队长、法警等相关人员的联系方式）

4. 调警单1张

5. 提押票3张

6. 起诉书副本（一审判决书）1份

××市中级人民法院司法警察支队

××年×月×日

2. 押解方案（表格方案）。一般被告人人数较少，案情比较简单，可以制定简单的表格方案，表格设定中要求必须有被告人的基本信息、案由、负责押解的司法警察，开庭的时间、地点等信息，让司法警察能够准确了解自己的工作任务即可，现在很多法院司法警察办公室安装有电子显示屏，电子显示屏上往往就以表格的形式展现相关信息，司法警察通过电子显示屏就知道要开庭的案件的案由和被告人，负责该案件的司法警察，开庭的时间、地点等。

电子押解方案比较简单易懂，一目了然，使用起来比较方便，但是往往也只能用于比较简单的刑事案件的押解工作，比较重大或复杂的案件则必须制定文字押解方案，将整个案件涉及的方方面面考虑完全并写进方案之中，防止任何意外的发生。

3. 阅读押解方案及注意事项。

（1）了解案由和被告人的详细信息。司法警察在看到押解方案后，要仔细阅读押解方案，根据方案的工作部署和安排，了解自己在押解方案中的任务与职责。首先就要了解本案的案由和被告人姓名、性别、年龄、籍贯、住址等基本信息，明确案件的性质，根据案件的性质准备佩戴的警械和武器，在领取到提押票后对提票和方案进行仔细核对，如有不一致及时与制定方案人员进行联系，确认被告人的正确信息。

（2）熟知自己的工作任务和工作职责。通过阅读方案，要了解自己在此次押解工作中所承担的工作任务和职责，并做好记录，了解自己的组长或者直接领导是谁，在需要进行联系时做到心中有数；如果有多名被告人，要熟记被告人在起诉书副本（一审判决书）中的排位（意味着被告人出庭顺序），切实完成好工作任务，履行好工作职责。

（3）熟悉突发事件处置方案。根据案件的性质和危险程度，押解方案中会制定不同的突发事件处置预案，要熟悉突发事件处置预案，并事先进行模拟演练，一旦发生突发事件，严格按照设定方案进行处置，防止问题和事态进一步恶化。

（4）要注意方案中的特殊要求或安全防范措施。如直播的案件，可能会对着装有特殊的要求，如在7月份要求着外穿衬衣、戴白手套等，或者因为被告人系艾滋病患者或其他传染性疾病患者，方案中就会就防护措施作出要求。

（5）及时准备警械具、武器和通讯工具。在领取装备时注意检查警械具和武器是否能够正常使用；检验通信是否畅通，以保障在发生突发事件或其他突发情况下，能保持通信畅通并能迅速接收到领导最新的指示或任务。

（二）警力准备与配备

1. 警力准备。当被告人人数较多，警力比较匮乏时，由警队领导协调调警。调警一般分为三种情况：一般调警、特殊调警和跨区域调警。一般调警是指业务庭室因工作需要司法警察协助配合而向法警队申请调警。一般情况下，一般调警由各业务庭书记员在前一周将下一周（或提前3个工作日）根据案件需要将调警单送到警队领导或内勤民警手中，便于统一安排工作任务。特殊调警是指各业务庭室因突发事件而进行的紧急调警。特殊调警一般是直接以电话或对讲机直接请求司法警察进行支援。跨区域调警是指因为警力不足而从其他单位调用警力。警队领导协调调警一般指的是跨区域调警，根据《执法细则》第二章刑事案件审判警务保障 2-3.4 调警中规定："一般情况下申请用警的人民法院应当提前 5 个工作日提出申请。《调警令》应当提前 3 个工作日下达被调警人民法院司法警察部门。接到《调警令》后，被调警的人民法院应当在 1 个工作日内向调警人民法院做出答复。"

调警单参考模板

××省××县人民法院					
调警单					
年度		编号：			
调警部门		调警时间及期限		需要警力	出警地点
简要案情					
调警事由					
风险评估意见			调警部门负责人：		
特别注意事项	特定对象基本情况	特定对象健康状况	特定对象主要社会关系		
法警大队意见	简要预案及意见： 签名： 年　月　日				
分管领导意见	签名： 年　月　日				

现在很多法院直接开发了自己的系统，在本单位调警通常采用网上调警的方式。网上调警单内容更加详细具体，便于保存，内容更加完整清晰。

网上调警单

警力申请单					
调警类型	○庭审保障○协助执行				
申请信息	案号				
	案由				
	承办部门		申请人		
	承办法官		电话		
	审判长		电话		
	书记员		电话		
	任务事项	□庭前会议 □一般开庭 □庭审直播 □示范庭 □远程视频提讯、庭审 □宣判 □转监 □其它			
	当事人（被告人）	姓名	性别	民族	未成年人	羁押地
		总人数　　人，其中女性：　　人，未成年人：　　人				
	证人（鉴定人）人数				
	注意事项	□被告人性情暴烈，有脱逃倾向 □被告人性格内向，有自杀、自残倾向 □被告人有习武从军、从警经历 □被告人患精神病或艾滋病、肝炎、肺结核等传染疾病 □受害人及其亲属人数众多，情绪激动 □被告人或其他诉讼参与人及其亲属可能对判决不满 □不允许媒体记者记录录音、摄影摄像、院内采访 □被告人是外国人，或有外国人旁听 □考试庭、观摩庭 □对取保候审的被告人庭后收监 □提前召开协调会 其他：			
	预计需警人数		任务天数		
	出警时间		出警地点		
	备注				

续表

承办人/审判长签字	审批意见	审批结论 ○同意 ○不同意 签名： 日期：
部门领导审批	审批意见	审批结论 ○法警队审核 ○分管领导审批 ○不同意 签名： 日期：
法警队审核	审批意见	审批结论 ○同意 ○不同意 签名： 日期：
警力安排	出警时间		结束时间	
	出警人员			
	实际出警人数		安排警力人员	
	负责人		联系电话	
	车牌号			
	备注			

司法警察领导在警力准备时，必须作出全盘、全面的考虑。如，在庭审押解任务中，对于庭审时间较长的庭审押解任务，应当增加替换警力，定时对执行庭审押解任务的司法警察换岗，以确保参加庭审押解任务的司法警察保有较强的战斗力。又如，对于特别重大的押解任务，在进行警力准备时，通常还要考虑配备机动（预备）警力，以防范和处置突发事件。

2. 警力配备原则。根据《刑事审判警务保障工作规则》的规定，警力配备应当根据案件性质和被告人人数等情况配备相应警力。1名被告人至少由2名司法警察押解；重大案件被告人，至少由3名司法警察押解；女性被告人由女性司法警察押解，原则上女性司法警察不得押解男性被告人。案情复杂、社会影响较大的案件应当增加警力。

（三）物力准备

物力准备主要是指硬件上的配备，即警械、武器以及其他警用装备的配备。在执行押解警务前，司法警察队领导应当根据押解警务的要求配备好武器和警械具，并予以检查落实。警械、武器以及其他警用装备的配备与检查的步骤在本章第三节做详细介绍，在这里不再赘述。但在配备与检查武器和警械具工作中，司法警察领导还应注意以下方面：

1. 对于物力方面的配备工作，司法警察领导应当首先满足执行押解警务司法警察的需要，在各种警务之间因物件短缺产生配备矛盾的情况下，应当优先配置给执行押解警务的司法警察。也就是说，要对执行押解警务的司法警察在物力配备方面予以适当的倾斜，以满足安全工作的需要。

2. 前期准备工作应做细做好，不能敷衍了事，要站在押解工作的全局考虑问题，从安全的角度逐项落实各项准备工作。

3. 全部前期准备工作完成后，应当落实到押解方案中。押解方案一般应当包括以下内容：组织领导、押解方式、押解时间、押解地点、押解路线、警力配备及押解的具体要求、突发事件预案等。

4. 对于物力条件缺乏的警队，警队领导要有前瞻意识及长远的打算和规划，想方设法解决司法警察的装备配备问题。

（四）现场勘查

司法警察领导（押解负责人）还应当做好现场勘查工作。对押解路线、审判场所、羁押场所、押解专用通道等进行现场勘察，完善安全措施，排除安全隐患。应当做好以下工作：

1. 应当预先确定押解路线，选定备用路线，勘察行车路线、道路状况和人（车）流量等。必要时可以请求公安机关协助。

2. 对羁押场所、被告人押解专用通道、进出法庭路线以及周边环境进行检查。

3. 检查审判场所是否存在安全隐患，检查审判活动区和旁听区是否隔离，检查被告人桌椅等设施是否安全。

二、司法警察（押解人员）受领押解警务

司法警察（押解人员）受领押解警务教学课件

（一）受领押解警务方式

人民法院司法警察受领押解警务的方式主要有：一是从法院院领导处直接受领[1]，二是从警队领导处受领[2]，三是从押解方案中直接受领[3]。

上述三种受领押解警务方式中，前两种是被动受领押解警务方式，是由法院领导、警队领导授予押解任务。在一些特（重）大或社会影响较大的案件中，会由上一级法院或本级法院领导组织联席会，在联席会上，法院领导会进行相关任务的部署，而相关业务庭室、警队、后勤部门等领导会直接参加会议，直接从任务部署中受领任务，也是我们通常所说的从法院院领导处直接受领押解任务；警队领导接受任务后会进行警力分配，当被告人人数较多，警力比较匮乏的时候，就要由警队领导协调调警。

警队领导一般在分配押解任务时，都会将押解任务的重点单位、警力配置、具体要求及相关职责交代较为详细。因此，前面两种受领押解警务方式情况比较简单，司法警察接受到的押解任务信息明确详尽。在实践中，第三种受领押解警务方式是人民法院司法警察接受押解警务的主要方式，这种受领押解警务方式要求司法警察独立自主地从警务方案中接受押解任务，即要求司法警察能正确阅读方案，准确了解警务方案的重点，掌握押解警务的具体任务和职责等事项，对执行具体押解任务的司法警察要求比较高，司法警察应熟练掌握其具体操作步骤。本教材主要阐述第三种受领押解警务方式。

（二）司法警察直接受领押解警务

1. 认真阅读押解警务方案，明确押解的任务和职责。认真阅读押解警务方案，明确本人在该押解方案中的任务与职责。首先，熟知负责押解的被告人姓名、性别、出生年月、籍贯、住址和案由，并与提押票上的内容进行核查和比对，检查两者是否一致，并熟记被告人的上述六项情况；其次，要明确负责押解的被告人与其他被告人之间的关系及该被告人在起诉书（或一审判决书）中的排位；最后，也是最重要的方面是要明确自己在押解警务方案中的任务与职责（特别注意是否为押解组组长，押解组组长任务更多更重），在领导布置任务和落实安全措施时，要特别注意领会。对于一般参与的押解的司法警察，要特别注意了解押解组组长是谁，怎样与其联系，必要时可与押解组组长及其他押解成员

---

[1] 人民法院院领导包括配置在各级人民法院中的院长、党委书记、党委副书记、纪检书记、副院长、审判委员会等有副院长职级以上的法院领导。这里是指主管司法警察队或刑事审判工作的副院长级以上的法院领导。

[2] 人民法院司法警察队领导包括配置在各级人民法院司法警察队中的队长、政委、副队长、副政委及内设机构科、队长。

[3] 需要注意的是，除此之外的其他途径分配押解任务的，司法警察不得随意接收。

进一步讨论在押解中的任务和职责落实，做到心中有数；对于押解组组长，除了要在人员责任分配方面明确本次押解负责人外，还要明确押解组成员的情况，结合平时工作中掌握的人员情况和信息，合理分配押解中的任务。在工作任务方面，押解组组长除明确本押解组负责押解的被告人的基本情况等内容外，还要了解押解工作与看管等工作的衔接方式。

2. 熟知警务方案中的"安全防范措施""特别要求"两项内容，并牢记之。警务方案中的"安全防范措施"，是警务方案制作人针对警务任务中可能发生的安全隐患问题而提出的特别措施，目的是提醒执行押解警务的司法警察适时采用相关安全措施，防范安全事故的发生。而警务方案中的"特别要求"，是警务方案制作人针对警务工作的特别需要而制订的要求执行押解警务的司法警察应当做到的事项。如，公开开庭审理的案件，要求执行庭审押解任务的司法警察戴白手套，这一项对执行庭审押解任务的司法警察提出的戴白手套的要求就属于"特别要求"。

3. 对突发事件预案应做到心中有数，要有风险意识，时刻准备应对突发情况。只有这样，一旦发生突发事件，才能做到心中不慌，按照突发事件预案的内容沉着应对、应战。

第二节 法律文书审验（审核）

人民法院司法警察部门受领押解警务应认真审核案件承办部门送交的提押票、用警申请及案件有关资料，确保准确无误。对于信息不完备或者有差错的，应当要求用警申请部门及时予以补正。

一、提押票的审验

提押票的审验教学课件

提押票，是司法机关提审、提讯或开庭审理被告人时，由提审机关交给监管部门，以证明提押被告人的一种法律凭证。提押票的使用实行"一人一票"制度。

提押票具有抵押和证明功能。提押票最主要的功能是抵押，如被告人脱逃的，负责羁押被告人的机关以掌握的提押票，证明被告人未归所。同理，当司法警察将被告人还押看守所时，必须请看守所工作人员签字或盖章，以证明该被告人已经归所，否则，有可能被他人认为被告人未还押看守所。提押票的另一功能是证明，持有提押票，也可从另一个侧面表明人民法院司法警察的身份，但这种身份的证明要与警官证等证件结合在一起才能更有效地发挥其证明力。

在信息化条件下，提押票分为普通提押票和电子提押票两种，下面就这两种提押票的审验分别论述。

（一）普通提押票审验

普通提押票样式见"普通提押票参考样式"所示。对普通提押票的审验，既要审核提押票的合法性，又要审核其规范性。

1. 合法性审核。对普通提押票合法性审查的主要内容有：一是提押票上是否有两名以上审判人员的签名或盖章[1]（如果没有两名以上审判人员签名或盖章，看守所民警是不允许将被告人提出看守所的），如果没有签名或签名人数不足或签名都是由书记员代签名的，应当及时退回审判业务庭补正；二是提押票是否盖有法院的公章，如果没有公章，应当及时退回审判业务庭补正；三是提押票上填写的被告人基本情况与调警单及起诉书（或一审判决书）中的内容是否一致，重点对被告人的五项身份内容进行审查，如果填写有错误的，应当及时退回审判业务庭补正；四是提押票票面是否整洁、无破损，特别是提押票中有关被告人的五项身份内容有无涂改的现象，如有涂改，应退回审判业务庭在涂改处补盖校对章或更新打印清楚后再接收。

2. 规范性审核。对提押票规范性审核主要有以下几方面：一要审查业务庭给的提押票张数[2]，原则上在交接时应即时当面清点。二要审查被告人人数与提押票张数是否一致，不能出现缺漏提押票的现象，否则就可能在随后的押解警务中出现少提或错提的情况，甚至可能因审判业务庭法官、书记员少给或多给发生提押票遗失、流失到社会上而造成不必要的麻烦。在交接时，比较科学的方法是结合调警单、起诉书或一审判决书进行核对，以全面核对并确定需要押解的人数及提押票的张数。三要审查羁押地点，特别是多被告人案件、集团犯罪、黑社

---

[1] 这里指的审判人员不限于法官，可以是法官加书记员的组合，也可以是法官加法官的组合，但不能全是书记员的签名。另外，这里的签名和盖章是同一概念，其法律效果是一样的。西方人重视签名，东方人重视盖章。由于各人的工作、生活习性不同，审判人员无论是签名还是盖章，其行为都表明了该提押票是由其签发的或得到了其认可。

[2] 提押票的使用实行的是一个在押的被告人填写一张的制度。也就是说，一张提押票对应的是一个被告人。因此，一个案件中有多少在押的被告人，就应当填写多少张提押票，审判人员也就应当交给警队多少张提押票。

会性质的案件以及职务犯罪，侦查机关为了防止被告人之间进行串供、越狱等违法犯罪行为，往往把案件中的一些重要或主要的被告人异地关押[1]。此外，还有一些再审案件，罪犯是被关押在监狱中服刑[2]的，相对于审判法庭所在位置，往往也是异地关押，对于上述案件的提押票的审核，司法警察在审查时要格外注意，做到细心、细致、一丝不苟。四要审查提押票中"事由"项，特别要区分"开庭"与"提审"（"提讯"），前者是需要将被告人提出看守所押送至人民法院审判法庭接受审判，后者只要将被告人提到看守所内的审讯室内，交由审判人员对被告人进行提审、提讯，在这种情况下，被告人是不需要提出看守所的。因此，两者在任务要求上有很大的区别，要特别加以区分。

在司法实践中，人民法院司法警察还需为远程提审和远程开庭提供警务保障，这就需要用到电子提押票。对电子提押票中"事由"一项的审验，与普通提押票有很大区别。关于电子提押票的审核审查，在下面进行详细讲解。

【普通提押票参考样式】

××省高级人民法院
提押票

×××看守所：	
	审判员：（签名）
	书记员：（签名）
	年　　月　　日
案由	

---

[1] 不仅仅是在侦查和起诉阶段，侦查机关有将犯罪嫌疑人异地关押的侦查措施；在人民法院审理阶段，如在职务犯罪中，有的高级人民法院都将职务犯罪的主要犯罪分子异地关押、异地审理的统一性规定。

[2] 正在服刑的罪犯因其家属、本人申诉而提起再审的刑事案件，因罪犯关押在监狱等服刑场所，所以人民法院在审理这类案件时就需要司法警察到罪犯的羁押地提解并负责罪犯押送。

续表

姓名		性别		出生日期		职业	
		籍贯		住址			
提讯及其他处理（法院填写）				还押（看守所填写）			
日期	事由		审判员盖章	日期		看守所盖章	

××省××市中级人民法院提押票

下列案犯一名，请准提押。

此致

　　　　看守所

　　　　　　　　　　　　　　　　　　　　审判员：
　　　　　　　　　　　　　　　　　　　　书记员：
　　　　　　　　　　　　　　　　　　　　　　年　月　日

案号					案由		
姓名		性别		出生日期		职业	
		籍贯		住址			
提讯及其他处理（法院填写）				（还押看守所填写）			
日期	事由		提押人签章	日期		看守民警签章	

续表

年 月　日 时　分		年 月　日 时　分	
年 月　日 时　分		年 月　日 时　分	
年 月　日 时　分		年 月　日 时　分	
年 月　日 时　分		年 月　日 时　分	
注意事项			

注：注意事项一栏，可填写被告人是否应与其他人犯隔离，是否允许接见以及其他应注意的事项。

(二) 电子提押票审验

电子提押票是人民法院在信息化条件下创设的一种电子模式的提押票，主要适用于上级法院视频提讯、远程开庭审理羁押在下级人民法院所在地的被告人的案件，电子提押票是用来从看守所提押出被告人进行审讯或开庭的一种电子或复印格式的提押票。该种电子提押票与传统提押票的主要区别是：传统提押票是正版的原件，较利于羁押场所工作人员检验真伪，而电子提押票是以电子或复印格式，不利于羁押场所工作人员检验票据的真伪。为此，公安机关与人民法院在认可电子提押票的抵押效力和证明力的前提下，对电子提押票提出了双重的证明要求，一是要有上级法院的公章和刑事审判庭审判人员的签字，二是要有接受任务的人民法院的公章及执行押解任务司法警察的签名。电子提押票解决了路途较远的人民法院审理、提讯被告人的问题，审判人员或法官不再需要亲自到被告人羁押地进行面对面的审理或审讯，是一种节约司法资源的创举，已逐步应用于人民法院的审判工作，尤其是刑事审判工作之中。

1. 电子提押票的合法性审核。在对电子提押票进行审验时，除了与普通提押票内容相同部分进行审核外，在合法性审查中，特别要注意对以下内容进行审查：

（1）审核两个单位的公章是否齐全，电子提押票有两个单位的公章，一个是填写单位（委托单位），另一个是接收单位（被委托单位），两个单位各应盖有公章，不能缺少一个，填写单位（委托单位）的公章是复印样式，接收单位（被委托单位）接收到电子提押票在落实警务时，应当盖上本单位的公章，因此接收单位（被委托单位）的公章应当是现样的，绝对不可能是复印样式的。

（2）审核电子提押票上所列的司法警察名字应该是两名，与执行任务的司法警察名字是相对应和一致的，因此，执行押解任务的司法警察需要签名，并且不得只有一名司法警察的名字，要有两名以上的司法警察签名，否则就是不合格的电子提押票，可能会被看守所退回。

（3）审核被委托单位的签署名称，也就是说，不仅要盖有被委托单位的公章，还要有被委托单位名称的签署。

（4）审查签发的时间与执行提解的日期是否正确。提审、开庭的时间都应当事先由审判人员或法官签定，对这一时间要认真审查，不能轻易放过，这也能从侧面审验电子提押票的真伪。实践中，尤其要注意对最高人民法院、高级人民法院法官提出要求远程提讯[1]时，所出具的电子提押票的审查审验工作。对此，司法警察要事先做好前期准备，特别是要按照上级法院的要求，与办公室、刑事

---

〔1〕 远程提讯，是指相对于审判人员而言，被告人所在羁押地与负责审理案件的法院之间距离遥远，为了节约司法资源和减少法官出差办案的时间，对被告人通过网络系统的技术力量进行远程提讯。远程提讯中，如果当地人民法院在看守所已设有视频提讯室的，需要司法警察到看守所做好远程视频提讯的前期准备工作，如开启电脑等相关机器、提押（解）出被告人至远程视频提讯室，在提讯期间负责对被告人进行警戒、看守和管理，提讯时负责设备的维护、调整和关闭等工作。如果人民法院在看守所未装备有远程提讯室的，则还需要将被告人提押（解）出看守所至人民法院数字法庭进行远程提讯。远程提讯完毕后，还需要司法警察对提讯的笔录进行远程接收，打印好后，邮寄给案件承办法官，关闭相关视频设备，将被告人还押看守所等工作。

审判庭等部门做好衔接工作，把远程提讯工作中提押、押送、提讯笔录的校对等工作做好，以充分展示司法警察的工作能力、作风纪律。

（5）要特别注重对电子提押票中"事由"项的审查，做到心中有数。司法警察在审查电子提押票时，一定要十分注意对"事由"项目的审查，以防止产生不必要的失误。如，仅仅是提讯工作，则在看守所内即可完成，不必要提押到人民法院数字审判庭中。而如果是开庭审理的，则必须要将被告人提押到人民法院刑事审判法庭中的数字法庭内。由此可见，提押票中"事由"不同，工作任务完全不同，此时，对提押票内容的审查验收显现出了重要性。

2. 电子提押票审核时需要注意的问题。

（1）辨别真伪。使用电子提押票虽然节约了司法资源，但由于电子提押票的传送是在普通的传真机或人民法院内网网络中，这就涉及保密工作及传真件的真伪辨别问题。除了做好保密工作外，在审查提押票时，特别要注重提高对提押票真伪的辨别能力。一般情况下，要在接到电子提押票后，再用电话与委托法院或上级法院核实一遍，以防万一。特别注意电话号码要用自己或本单位掌握的法院系统内部电话号码，不能用电子提押票上的电话号码。

（2）安全负责。在电子提押票的审查审核过程中，司法警察管理部门要负总责。特别是各级司法警察领导要高度重视电子提押票的安全审查，做到亲自接收、亲自验收和亲自把关。在提押人员填写时，要把工作责任心强、担任一定领导职务的人员填写到提押票中，以确保警务工作的安全，绝不能把工作责任心不强的人或者是把临时聘用人员填写到电子提押票中，用以担任重大案件被告人的押解工作。

【电子提押票参考样式】

××省高级人民法院

电子提押票

×××看守所：

  现因我院开庭需要，委托（　　）人民法院代为提押下列被告人一名，请予协助。

审判员：（签名）

书记员：（签名）

年　　月　　日

续表

代为提押人民法院 印章	提押人		年 月 日

案由						
姓名		性别		出生日期		职业
		籍贯		住址		

提讯及其他处理（法院填写）			还押（看守所填写）	
日期	事由	提押人盖章	日期	看守所盖章

注：1. 提押票须加盖代为提押的人民法院印章方为有效；
2. 提押人须出示人民警察证或司法警察证，警察证姓名应与提押人相符；
3. 提押票使用后，与笔录一并寄回出具提押票的人民法院。

二、用警申请及其他有关法律文书审核

用警申请及其他有关法律文书审核教学课件

（一）用警申请资料的审核

案件承办部门应当提前 5 个工作日将用警申请、提押票、起诉书副本等案件相关材料送交本级法院司法警察部门，并说明该案件的风险评估情况和相关注意

事项。

对用警申请资料的审核主要内容包括：用警部门、时间、地点、案件承办人以及联系人、被告人基本情况（姓名、性别、年龄、案由、数量、在押表现及身体健康状况）、旁听人员情况以及其他与审判安全有关的信息。

（二）其他有关法律文书审核

人民法院司法警察到看守所或其他羁押场所提押被告人，除了应当持提押票外，有的警务工作还可能需要其他法律文书才能从看守所或其他羁押场所提押出被告人。如：执行死刑时，人民法院司法警察除需要持提押票外，还要持执行死刑命令等其他法律文书才能将待决的死刑罪犯提押出；再审案件审理时，人民法院司法警察到监狱等羁押地提押时，除了要持提押票外，还需要持省级监狱管理机构批复的函，才能将在监狱等其他羁押场所关押的罪犯提押出来。

对其他法律文书的验审，主要做到以下四点：

1. 对于执行死刑命令等有执行内容的法律文书，要特别注重其合法性的审验，重点为：一是要排除复印件，对于审判业务庭交给的复印件，绝对不能接收，一定要接收原件，不然不予准备开展相关工作；二是法律文书上所盖的公章要完备、清晰，且要与发文机关相吻合，如果发文单位的公章盖得不清楚的，要让有关单位或部门作出解释，对于公章上的单位与发文机关不吻合的，要拒绝接收，并退回有关单位或部门，并可要求有关单位或部门对此作出解释；三是法律文书的接收渠道要正规，除了正规的审判业务庭外，对从其他部门接收到的法律文书要格外仔细审验。对于只需要执行程序性内容的法律文书，也要从下面几个方面进行合法性审验：一是排除复印件；二是法律文书中的内容要与提押票中的相一致，如被告人的"犯人六项"内容必须与相关文书上的互相对应。

2. 对于其他法律文书的验审，除了要对法律文书进行合法性审核审查外，还要特别注意对法律文书形式、外观上的审查和检验。对于外观上有明显瑕疵的法律文书，要提请警队领导让审判业务庭作出解释，如果答复不能解除合理怀疑的，要与相关业务庭领导进行沟通，共同做好法律文书的复验审，或予以更换、重做。

3. 在对其他法律文书进行查验时，还要注意被告人的姓名、性别、出生年月、籍贯、住址和案由，即在提押任务中经常要提到的"被告人六项"是否填写齐全，"事由"一栏中有无注明开庭事项以及有无审判人员的签字等。如有缺损的或空白的项目，应让审判业务庭补正。

4. 在本人对其他法律文书无法作出正确判断时，应当提请司法警察领导查验，切实把法律文书的查验工作做到实处，确保之后开展的押解工作顺利进行。

第三节　警用装备的配备与检查

人民法院司法警察在执行押解警务前，应当根据押解任务的要求配备好武器和警械具并检查落实。

一、武器和警械具配备与检查

警用装备的配备与检查教学课件

（一）武器的配备与检查

1. 武器的配备。武器的配备应按照《人民法院司法警察不同执勤岗位警用装备配备标准》《人民法院司法警察警用装备配备标准》等规定，结合案件性质配备武器。普通的刑事案件不提倡配备武器，如需配备武器，一般只需要将武器配备到警队队长或押解组长。在配备武器前，必须履行必要的手续，借用手续要经主管院长的批准。

对于死刑案件、黑社会案件、集团犯罪案件及有重大影响的犯罪案件，必须配备武器，做到一人一支。有重大社会影响的案件审理，应商请公安、武警负责审判场所外围的警戒工作。

2. 武器的检查。对武器的检查要在接收时立即进行，首先，要检查武器的性能是否能够保障警务安全；其次，要检查武器、弹药是否正常，弹药数量是否充足；最后，一定要与发放人员进行当面核实、接收并签交。收到武器弹药后，要将武器、弹药放置于安全的地点，并将武器设置在安全状态（即关上保险）。对于武器、弹药的检查，要特别注重安全，一般不将子弹上膛，出发前，还要关好枪支的保险，以防走火伤人。武器检查尤其不能以实弹射击方式检查武器性能。

（二）警械具的配备与检查

1. 警械具的配备。警械具的配备要注意制服性的警械（如警用伸缩棍、催泪喷雾等）与约束性的警械（如手铐、脚镣、警绳等）配合使用，不能只配备约束性而不配备制服性的警械具，也不能只配备制服性而不配备约束性的警械具，两者应搭配使用，司法警察互相配合，使警械具的功能得到充分利用。在押解小组中，要科学配备押解成员的警械具，让押解成员各施其责，各尽所能，充分发挥各自的优势。如给注意力强的警员配备约束性的警械具，以发挥其监管能力，给体力较强的警员配备警棍，以发挥其制服能力，以便在格斗中强化其攻击制服能力，确保能迅速制服被告人，防范事故发生。押解组组长，要配备网枪、手枪等具有杀伤能力的武器、警械，以确保整体警务的安全。

在警械具的配备中，要注重科学配备，不能简单地认为，配备得越多越好，而适量、科学的配备，更能发挥警员的战斗力。

2. 对警械具的检查。

（1）手铐、脚镣的查验。手铐是押解工作中经常会使用的警械具，因此在提押前必须确保手铐处于正常使用状态。根据被告人的数量确定手铐配备数量，对将要使用的手铐进行检查，主要分五步进行练习：第一步检查手铐外观是否完整，是否有钥匙；第二步检查钥匙能否上锁和打开手铐；第三步检查手铐链接处活动是否顺畅；第四步检查挂齿是否能够正常运作；第五步将手铐恢复到准备上铐的状态。脚镣检查方法同手铐。

（2）警用伸缩棍查验。右手握警用伸缩棍握柄，右臂弯曲，使棍头向上，而后用力向下甩出，使警用伸缩棍贴近右腿外侧的位置，甩到右腿侧后方位置，甩出后将警用伸缩棍垂直于地面，棍头朝下，使棍头轻磕地面，查看警用伸缩棍是否可以正常伸缩。

（3）其他警械具的查验。查看催泪喷雾是否在保质期内（查看时喷嘴朝向正前方）；警绳是否是新的，是否有破损（不建议警绳多次使用，避免造成多个目标接触而传染病感染以及多次使用造成结构损坏）；对讲机电池电量是否充足等。

（4）武装带的查验。根据自己使用习惯将各种警械具放入合适位置，并对武装带进行检查：一查装备是否准备齐全；二查警械具是否已经放入合适位置，可以根据自己使用习惯进行调整。

对于警械具的检查，要特别注意警械具的安全性及性能方面的检查，司法警察在检查警械具时发现不安全因素的，要提出更换的意见和建议。在执行押解任务中，绝对不能携带不安全、已不能使用或存在安全隐患的警械具。

武器、警械具、专用囚车出库时，要填写出库单；任务结束后，要履行回库手续，由借用人员统一签字后交由器械保管员存档备查。

应配备押解途中所需生活用品及交通地图、车（船）时刻表，特别要注意一些专用药物的配备，如注意防晕车晕船药物、心脏病药物等是否配备齐全。

二、车辆的配备与检查

车辆的配备与检查教学课件

（一）车辆的配备

根据案件性质和被告人人数等情况配备押解指挥车、囚车[1]，对重大案件、人身危险性较大以及可能发生脱逃、行凶、自杀、自伤和其他危险行为的被告人，原则上实行一人一车押解，必要时配备备用车辆。成年被告人和未成年被告人、男性被告人和女性被告人、同案被告人、患传染病的被告人以及其他不宜同车乘坐的被告人，应当分开押解。

使用两辆以上囚车执行押解任务时，应当编号、编队，定人、定车、定位。各囚车上应当指定途中押解的负责人，以负责途中押解任务中安全保障、突发事件的处置、通信联络等工作。

对于使用多辆囚车执行押解警务的，应当再配有指挥车和护卫车，以保障途中押解的安全。开道车、指挥车的作用在于为押解车队的车辆指挥、警卫、前后照顾及作为备用车辆随车队行进。实践中，司法警察使用多辆囚车对数量较多的被告人进行押解时，应当配备指挥车。对于使用3辆以上囚车执行押解任务的，必须配备指挥车；对于使用2辆囚车执行押解任务的，可以配备指挥车；对于押解重大案件单个被告人，即使仅使用1辆囚车执行押解任务，也应当配备指挥车。

（二）专用囚车的检查

执行任务前应当对车辆进行检查，确保车辆性能完好。

专用囚车的安全检查由司法警察队长或负责本次押解任务的押解组组长负责。在对专用囚车的检查中特别要注意以下几个方面：一是囚车的安全性能是否能够符合押解工作的需要。二是警灯警报装置是否完好无损。三是囚车上是否堆放有杂物，特别是囚笼内是否堆放有影响押解安全的杂物。四是驾驶员是否为专

---

[1] 专用囚车是人民法院司法警察专门用来押解被告人的警车，不能挪作他用。专用囚车应当符合以下几个条件：①要配置专用的警灯警报系统，②要配备封闭式的囚笼，③要选择专职司法警察驾驶，④配备专门的通信设备。条件好的法院还应为专用囚车配备监控设备和GPS全球定位系统。

职司法警察担任。五是囚车内的监控系统是否工作良好。

第四节　押解前准备工作的实务技能训练

一、押解前准备工作实务技能训练的目的和要求

（一）押解前准备工作实务技能训练的目的

押解工作在整个庭审警务保障工作中具有十分重要的位置，因此押解前准备工作也就尤为重要，做好押解前准备工作就是顺利完成押解工作的前提和重要保障。

（二）押解前准备工作实务技能训练的要求

要求每一个学员都能够认真进行训练，能够完成押解前准备工作。考核时要求每个学员都能够进行票据核验，能够进行武器和警械的检查工作。

二、提押前准备工作实务技能训练分组练习

（一）票据查验训练

在票据查验训练中主要以调警申请单、提票两种单据的审核为主，首先将全班同学进行分组，6个同学组成一个组，每组分发不同的调警申请单和提票两份票据，小组成员要对票据进行查验，并将票据存在的问题一一指出，并说明理由，再根据给定的信息将票据中存在的问题进行改正。

（二）根据押解方案寻找自己工作任务

将全班同学分成若干小组，每个小组给定一个押解方案，自己代入角色，从方案中找出自己的工作任务和职责，然后根据押解方案、自己的工作任务和扮演的角色完成押解前的准备工作。

（三）警械具、武器和车辆等的查验

在警务保障工作中，司法警察部门应当根据案件性质、被告人数量和审理方式等情况配备车辆和武器、警械具。执行押解任务前，应当对车辆、武器和警械具进行维护、检查，确保车辆、武器和警械具处于适用状态。

1. 手铐、脚镣的查验。以班级为单位，寻找比较空旷的训练场地，站成四路横队，向第一排和第三排同学下达向后转口令，相对站立的两名同学为一组，每组一副手铐，一排和三排进行操作，二排和四排观看操作，操作两次后进行交换，反复练习检查手铐，主要检查以下五个内容：一是检查手铐外观是否完整，是否有钥匙；二是钥匙能否上锁和打开手铐；三是查看手铐链接处活动

是否顺畅；四是查看挂齿是否能够正常运作；五是将手铐恢复到准备上铐的状态。

要求：严格按照老师的口令分步进行查验，检查完毕统一恢复手铐外观完整，有钥匙；钥匙可以打开手铐；手铐链接处活动顺畅；挂齿可以正常运作；手铐已经恢复到准备上铐状态。如在上述步骤中检查出问题单独进行报告。

脚镣检查实训方法同手铐。

2. 警用伸缩棍查验。以班级为单位，寻找比较空旷的训练场地，站成四路横队，每人一个警用伸缩棍（如果数量不足，可以第一排练习完将警用伸缩棍交给第二排交替使用）。分步进行训练，老师下达"准备"口令时，同学右手握警用伸缩棍握柄，右臂弯曲，使棍头向上；当老师下达"开始"口令时，用力向下甩出，使警用伸缩棍沿身体右侧轨迹运动，到右腿侧后方停止；当老师下达"收"的口令后，将警用伸缩棍垂直于地面，棍头朝下，使棍头轻磕地面，查看警用伸缩棍是否可以正常伸缩，完成后统一回复可以正常伸缩，反复练习。

3. 其他警械具的查验。

（1）检查催泪喷雾：以班级为单位，寻找比较空旷的训练场地，站成四路横队，第一排同学手持催泪喷雾，当老师下达"准备检查"口令时，同学右臂向上弯曲，将喷嘴朝向正前方，当老师下达"检查"口令时，同学进行查看，当老师下达"完毕"口令时，同学统一报告在保质期内（或已过保持期）。每排练习两次后站到后排，下一排进行练习。

（2）检查警绳：以班级为单位，寻找比较空旷的训练场地，站成四路纵队。准备警绳4根，每队1根，同学轮流检查警绳是否是新的，是否有破损，检查完毕回复警绳是新的，无破损。

（3）检查对讲机电量：以班级为单位，在教室，将同学分成四组。准备4个对讲机，学生打开对讲机检查电量，检查完毕后回复电量充足（电量不足）。

4. 武装带的查验。以班级为单位，在教室内，将同学分成四组，每组同学轮流进行查验。准备武装带4个，将警械具随意放置在武装带内。首先检查装备是否准备齐全，检查完毕回复装备齐全（装备不齐，如果不齐要说明差什么，为什么要携带）；然后检查各种警械具是否放入合适位置，检查完毕回复警械具位置合适（或者根据自己使用习惯进行调整，调整完毕后回复警械具位置调整完毕）。

（四）综合实训

将全班分成两组，一组为内勤工作，主要负责接受任务，进行票据及相关资料的查验并制作文字押解方案；二组为外勤组，外勤组完成全部押解工作，设总

指挥 1 名,组长若干。由总指挥对所有人员进行分组并分配工作任务,并指定每个组的组长。具体实训要求如下:

1. 老师给出案例,并提供相应的资料。

2. 内勤组对老师提供的资料进行查验,并要求在数量上、内容上进行审核,找出存在的问题。待所有资料查验合格后根据给定案例制作押解方案。

3. 外勤组根据押解方案完成提押、法庭押解、还押的工作流程,要求在此过程中必须有意外事件的处理。

4. 完成武器装备、相关警械具的配备与检查,要求说明所选择的武器及警械具并说明为什么这样选择。

5. 完成车辆查验,根据老师给定车辆基本情况介绍确定车辆情况,做出是否需要调整车辆的决定。

6. 相互进行点评。外勤组要对票据是否存在问题以及制定的方案是否完备等进行点评;内勤组对外勤组的工作流程、武器警械具的选择、意外事件的处置、各组的配合等作出点评。

7. 教师进行综合评价,总结学生已经掌握的知识点,对实训过程中存在的问题进行总结,并组织学生进行反复实训,直到学生能够圆满完成整个押解任务。

1. 参与黑社会性质组织罪、故意杀人罪一案一审将在某市中级人民法院开庭审理,被告人 27 人,其中女性被告人 3 人,书记员按照以往调警要求提前 3 个工作日将调警申请送往法警支队,并附提票 1 份、起诉书副本 1 份。法警支队领导研究发现本院可以参加本案的法警共 15 人,其中女法警 1 人,遂提前 1 个工作日向下级人民法院申请调警,从基层人民法院共调 10 名男法警,因警力匮乏,遂决定 1 名法警负责押解 2 名被告人,女法警负责押解 1 名被告人。

请根据给出的文字资料思考以下问题:

(1) 本段有几处错误?分别是什么?该如何改正?

(2) 调警方式有几种?分别是什么?本段材料中的调警属于哪种调警方式?

(3) 请根据给定材料制定押解方案,要求押解方案中要将给定材料中存在的错误予以纠正。

2. 押解方案中要求法警 8 点出发到看守所提押 27 名被告人,7 点 55 分,法警到装备室领取警械具,8 点 10 分 25 名法警领取完警械具后出发。

根据给定材料思考以下问题:

(1) 法警的行为存在哪些问题？
(2) 结合本章节所学的知识谈谈法警应该如何做？

思考题参考答案

第四章 提 押

> **学习目标**
> 　　掌握提押中需携带、提交的证件；掌握被告人身份核对和监控；掌握提押技能。
> **学习重点**
> 　　携带、提交证件；核对被告人身份；提押技能。

【本章引例】
　　2018年3月10日，某市人民法院在某市看守所提押涉嫌盗窃罪的丁×、王××等2名被告人。在司法警察对2名被告人进行安全检查时，由于司法警察未先对2名被告人佩戴手铐，被告人丁×大力推了一名司法警察一下，趁机发疯似的向看守所大门跑去。丁×一路奔出看守所大门，跑上华林路后，被看守所大门附近执勤的1号围墙哨兵发现，哨兵在按下报警键的同时，鸣枪警告丁×停止逃窜。但是丁×却不管不顾，低头继续沿着华林路向北逃窜。法院司法警察及看守所民警立即组织追逃。见有人追赶，丁×一下慌了神，突然改道冲进一处小道中。经过10分钟左右的追逐，司法警察韩×率先赶上了被告人丁×，并跃上前将其扑倒在地，随后赶到的其他司法警察将丁×控制起来，押解回看守所。
　　这是一起提押时操作程序错误、司法警察责任心不强，致使被告人脱逃的事件。

第一节　提押（解）的组织与实施

提押的教学课件

第四章 提 押

提押又称提解，具体任务就是司法警察到看守所或监管场所将被告人提押出来并由司法警察控制。提押是人民法院司法警察执行押解任务时所经过的第一个过程，也是押解任务中的第一个环节，是整个押解任务的开端，是做好整个押解工作的首要任务。从安全角度上讲，提押（解）工作更是整个押解安全防范（保障）工作的起点。提押（解）阶段是司法警察与被告人、罪犯打的第一个照面、第一个交道，提押（解）时安全防范（保障）工作要求极高，特别是在给被告人佩戴戒具，对被告人的身份核对、核查，以及对被告人的人身及随身物品的安全检查要求都极为严格。因此，对于提押（解）的组织与实施工作，司法警察应当特别加以注重，只有坚持严格要求，才能为后续的途中押解、庭审押解和还押等工作打下坚实的安全基础。

一、需要携带、提交的证件和法律文书

（一）准备、携带需要提交的证件

人民法院司法警察在提押前应当准备的证件是能够证明自己是人民法院司法警察身份的有效证件。这里所指的有效证件是指由有管理权限的机关审批发放的具有法律效力的证件，如人民警察证[1]、执行公务证[2]、工作证等证件。人民法院司法警察到看守所等羁押场所执行提押任务，所需要准备的证件就是指人民警察证。在不备有人民警察证的情况下，可以用执行公务证、工作证等代行，但必须事先由持证机关向羁押场所机关作出说明。如果事先不与看守所等羁押场所机关说明，上述证件是不能代替人民警察证使用的。目前，各级人民法院司法警察中还有一批受人民法院聘用代行司法警察职责的人员，被称为聘用制（或聘任制）司法警察，这些司法警察履行的人民法院司法警察的押解等职责，但其又不可能持有人民法院司法警察的人民警察证，对此，各级人民法院代之以司法警察证[3]来证明其身份。这也是现行执法环境，以及人民法院司法警察人员较少的情况下，不得已而为之的办法，随着社会的进步、法制的健全、人民法院司法警察编制的落实、警力的充实，这一历史性的难题会得到彻底解决。

---

[1] 人民法院司法警察人民警察证，是由最高人民法院监制、审批、发放的用以证明人民法院司法警察身份的有效证件。证件上有持证人的近期免冠照片，姓名、性别、职务、警号、警衔级别、单位名称等内容。

[2] 执行公务证是指各级政法机关发放的用来证明持证人是公务人员并有相应执法权的证件。值得注意的是，目前各级人民法院都给其正式的公务人员发有执行公务证，因此，人民法院司法警察除了持有人民警察证外，还持有多种证件，这些证件各有其使用的途径。但执行公务证是不能证明人民法院司法警察的警察身份的，而能证明人民法院司法警察的警察身份只有人民警察证这一证件。

[3] 人民法院司法警察证，是各级人民法院为聘用制或聘任制司法警察发放的用以证明其身份的证件，其基本内容与人民警察证相似，但其警号与人民警察证不同。

（二）准备、携带需要交付羁押场所的法律文书

一般的提押工作，只要求准备并携带提押票即可，在实践中，绝大部分的提押工作只需要准备并携带提押票即可。但人民法院司法警察所需要提押的被告人有各种类型，提押工作很有可能碰到一些特殊的情形，这些特殊情形，按照工作内容不同，可以分为两种情况：一是在执行死刑案件提押中，除了要带上一审、二审判决书及最高人民法院的裁定书等法律文书外，还要带上最高人民法院院长签发的执行死刑命令及提押票这两个法律文书；二是到监狱等已决犯关押地执行提押警务时，还要准备好给省级监狱管理机关的函件、再审决定书[1]和提押票等法律文书，上述法律文书缺一不可，如有缺失，极有可能影响提押工作的顺利进行，故应当特别注意做好法律文书的准备和携带工作。

（三）证件和法律文书的监管

证件和法律文书必须交专人携带或管理。实践中，一般由带队的司法警察领导或提押组组长负责准备和携带证件、法律文书等。需要提押的被告人人数较多的，应当对被告人进行编号，以利于提押时对被告人的管理及出发时清算人数等工作，并可防止出现不必要的差错。提押时，提押票需交由看守所羁押场所人员暂时保管，待被告人还押回看守所等羁押场所时，再行取回。执行死刑任务提押罪犯时，需要将执行死刑命令和提押票各一份交给看守所，由看守所录入档案。因此，提押时提交的提押票等法律文书一定要在看守所民警前当面查清，不能随意处置，证件由看守所等羁押场所民警查验完毕退回后，应当由持证人收取、保管。

在提交需要提押的被告人或罪犯名单及提押票时，要特别注意提醒看守所民警提押各被告人的顺序，把重要被告人放在较前的序位提押，以便集中警力对其进行监管和控制，并约束其行为[2]。需要看守所方面配合的，应提前向看守所民警作出说明，提请他们在提押（解）被告人时注重各被告人的顺序，对重点被告人应当予以重点"关照"，警惕其一言一行，防范事故的发生。

二、警械具的使用

1. 被告人一经提解出交给人民法院司法警察，司法警察应即时对其使用戒具，以约束其人身自由并对其进行控制，确保提押工作的安全。这是人民法院司

---

[1] 再审决定书是指人民法院决定对刑事案件再审的一种法律文书，是提起刑事案件再审的程序性法律文件。

[2] 案例：2006年12月28日，某省高级人民法院司法警察总队在某市看守所提押有25名被告人的一个黑社会性质犯罪案件的首要分子第一被告人时（一审已经被判处死刑），看守所民警刚把其提出监舍，该被告人直接用头撞向墙角，当场血溅一地，最后将其急送医院抢救，其头部缝了10针。

法警察对被告人实行管理、控制的第一个步骤,也是首要的步骤。对被告人使用戒具,包括下列戒具:最为常用的是手铐(包括大铐、小铐[1]等)、脚镣(重型脚镣、便携式脚镣[2])、警绳等约束性警械具。在下面的步骤中,我们再详细对各种警械具的作用进行讲解。

2. 对被告人一律执行背铐(又称反铐)的方式戴手铐,不能随意用前铐或其他上铐的方式给被告人戴手铐,以确保核对身份、安全检查等后续提押(解)工作的安全。被告人可能被判处死刑的,必须对被告人加戴脚镣,如果看守所已给被告人戴有脚镣的,在给被告人戴上手铐后,在安全检查环节中,还应对被告人所戴的脚镣进行安全检查(具体对脚镣如何进行安全检查,将在安全检查环节作详细介绍)。对其他主观恶性较大的暴力犯罪分子,即使不会被判处死刑(或一审也未判处死刑的),为保障提押(解)工作的绝对安全,必须对这些被告人加戴脚镣。对于一些犯有轻罪的被告人,如果有证据或现象表现其可能有脱逃危险的,也应当对其加戴脚镣,以防止其逃跑。在提押即将被执行死刑的死刑罪犯时,除给其戴手铐、脚镣外,还应对死刑罪犯进行捆绑,以确保死刑罪犯提押(解)时的绝对安全。对于执行死刑的死刑罪犯提押时戒具的使用,将在执行死刑押解中作详细介绍。

3. 警械具不够用时,可以用一副手铐铐2名被告人的方式提押(解),如果手铐极其短缺,也可用多付手铐串铐多名被告人,以节约警械具的使用。但是,为保障提押工作的安全,对被告人仍然应当坚持一人用一副手铐的方式提押(解)。

为保障安全,要根据不同的对象使用不同的手铐,如对手臂比较粗的被告人或罪犯应当用大铐,对手臂比较细的被告人或罪犯,可用小铐。

手铐上铐后,在上囚车前,再对被告人或罪犯所戴的手铐进行检查,特别是手铐松紧度一定要仔细检查。所配手铐有保险功能的,一定要上好保险,不让被告人或罪犯有任何可乘之机。

---

[1] 对手铐进行大铐、小铐的分法,其实就是根据其不同的大小所作的分类,但有其实践意义。如有的男性被告人手臂比较粗,就要用大铐来约束其行动,小铐是用不上的。反之,一些女性被告人或身材瘦小的男性被告人其手臂比较细,还不能用大铐,不然大铐用上去不能有效约束其行动,在这种情况下,只能使用小铐来约束这些被告人的行动。

[2] 重型脚镣与便携式脚镣,重型脚镣是指重量在5公斤以上的脚镣,一般用生铁制成,坚固耐用,用以约束重刑犯或死刑罪犯的行动。重型脚镣以重量不同还可分为5公斤式、7.5公斤式和12.5公斤式三种。便携式脚镣是与重型脚镣相对而言的脚镣,顾名思义,是一种比较轻便的脚镣,实践中,司法警察用得比较多的是类似手铐加长版的便携式脚镣,两边固定在被告人或罪犯脚上的是手铐式锁,用钥匙可开启或锁住,中间是一根钢丝绳,长约30厘米~40厘米。便携式脚镣办用于一些罪行较轻的被告人或罪犯的提押、押送和看管工作。

三、核对被告人身份

1. 核对被告人的身份是防止错提、漏提警务事故的一种方法。在这个环节中，司法警察一定要按照事先安排好的程序对被告人核对身份。核对被告人身份，采用的是对提押票中所反映的被告人的六项内容进行核查的方法。这六项内容就是指被告人的姓名、性别、出生年月、案由、籍贯、住址，简称"被告人六项"。

2. 人民法院司法警察对被告人的"被告人六项"内容的核查，是司法警察的一项日常性的工作，应当按照上述顺序固定下来，并养成工作或职业习惯。对此，在本章节特别安排了专项的训练，以巩固这种职业习惯。在对"被告人六项"核查时，应当逐项进行，不能少查或不查，以养成严谨的职业习惯。

3. 有多名被告人的，应当事先对被告人按照刑期轻重或公诉书的排列顺序进行编号，在提押时按照编号提押被告人，并由负责该编号提押的司法警察将编号贴在被告人的后背、前胸，以便司法警察对被告人进行管理和清点人数，从根本上防止错提或漏提事故的发生，并保障提押工作的安全和核对被告人身份工作的顺利进行。

在核对被告人的身份时，需要注意的是，要让被告人主动报出其姓名、出生年月等"被告人六项"核查内容，不可采取诸如"你是某某？"等直接询问的方法，因为，这种方法极易发生错误，有的被告人即使没有听清楚，也会因各种因素而随口答应，有的被告人则会故意答应，让司法警察出错，以备提出看守所时，有机会实施不法行为。

核对被告人的身份，一般由司法警察押解组组长执行，如果时间允许，带队的司法警察领导或提押（解）负责人在将被告人押上囚车前可再次核对其身份。

四、对被告人、罪犯的人身及随身物品进行安全检查

（一）对被告人的人身进行安全检查的步骤（安排有专项的实务操作训练课目）

徒手安全检查法（又称搜身）的具体方法是，司法警察用双手"触压"的方式，对被告人的身体、四肢等着衣部位进行检查，以防备其藏匿有违禁物品。对于非着衣部位如帽子、手掌、鞋子等部位，也要检查到位。其基本的顺序是：由上到下、由外到里、由前到后。即从受检者头部起，至衣领、双肩外侧、双手手掌、双肩内侧、腋下、胸腹部、背部、腰部、裆部、双腿、脚部。徒手安全检查时，应以"触压"为主，手的用力要适当、均匀。对检查有疑点的受检者，仔细检查并应进行询问。检查完毕后，应提示受检者取走自己的非违禁物品。

对看守所给被告人所戴的脚镣必须进行安全检查，看守所配置的脚镣一般由生铁铸成，颜色里外都是黑色的，即使已经被锯断，不仔细检查很容易忽略断裂面及各种异样，这会给司法警察的安全检查工作带来隐患。要判断脚镣是否安全，只有一个方法，那就是用手触摸，具体方法是用大拇指沿着脚镣的上沿或下沿，触摸一遍，以检查脚镣是否有缺口或是否已经被切断。

司法警察应当掌握安全检查的方式方法，认真对待，严肃执法。男性被告人应由男性司法警察执行安全检查；女性被告人应由女性司法警察执行安全检查。

另一种安全检查方法是使用手持式金属探测器（又称"手持式安全检查器"）进行安全检查。

司法警察使用手持金属探测器对被告人的人身进行检查时，手持金属探测器的移动要平稳、匀速。首先检查人员站在受检者前右侧，按以下程序进行：头部—右手—左手—胸部—腹部及身躯两侧—右腿—左腿。然后请受检者转身，再对受检者后身从上至下进行检查。遇到手持金属探测器发生鸣叫或振动时，应采取徒手检查法检查，将受检者随身物品取出，经司法警察检查无危险性后方可放回，有危险性的需要进行收缴或做进一步处理。

（二）对被告人的随身物品进行安全检查的步骤

1. 开包检查法，所谓开包检查法，顾名思义，就是将被告人随身携带的包裹打开检查。对包裹内的物品逐件进行检查，对可疑物品要以触压的方式进行核查，对可疑小包要二次开包检查，对于包裹的夹层要用手轻轻触压，以确定其中是否藏匿有违禁物品。开包检查的方法是比较可靠的安全检查方法，其依据的就是眼见为实的工作方法，但安全检查实际效果仍然依靠是的司法警察的责任心和工作方式、方法。开包检查的方法基本上用的是徒手检查的方法，这对于包裹的数量比较少的情况下，无疑是一种较为可靠、安全的检查方法。但对于包裹较多的场合，这种安全检查方法就过于缓慢，可能影响整个工作进程。

2. 使用手持式金属探测器的方法，就是用手持式金属探测器对被告人的随身物品进行安全检查。用这种方法进行检查，一般是在包裹数量较多，来不及用开包检查的方法时所用。使用手持式安全检查器进行安全检查，可以不打开包裹，直接对各种包裹进行安全检查。这种方法可以在较少的时间内检查数量较多的包裹。

3. 开包检查法与使用手持式金属探测器检查法的结合。对于大型包裹，可以用这种方式进行检查，以防备检查不严。

在诸多的安全方法中，徒手安全检查法是较为可靠的一种检查方法，但其是以执行检查任务的司法警察的责任心为基础的。其中，最为重要是要坚持细致的工作方法，如果在安全检查过程中不讲究细致，就不可能彻底排除被告人藏在身上的违禁物品，从而也不可能完全排除其人身危险性。

但使用手持式金属探测器的方法有一个致命的缺陷，那就是使用这种方法检查，只能检查并排除金属性质的违禁物品，而检查不出塑料、陶瓷等其他非金属材料做的违禁物品。

在对特别重要的被告人进行安全检查时，应采用上述两种方法交叉的方法，不单纯用某一种方法。

第二节 提押（解）实务技能训练

一、提押实务技能训练的目的和要求

（一）提押实务操作能力训练的要求和目的

提押实务操作能力训练的要求。提押实务操作训练其实就是整个提押警务任务操作过程的浓缩版，其中包涵了提押警务任务中所有重要的工作任务，如警械具的使用、核对被告人的身份和安全检查的方法等，因此，这个训练的要求是非常高的，也是非常严格的。提押实务操作训练是本课程中实务操作考核中的一个内容，要求各位学员认真、熟练地掌握各程序的操作方法。

提押实务操作能力综合训练的目的有：一是强化人民法院司法警察提押工作的规范化，二是实现人民法院司法警察提押工作的程序化，三是提升人民法院司法警察提押工作的安全性。

（二）提押实务操作能力训练的练习目标

要求各位学员能够非常熟练地操作提押警务任务的全过程，不发生任何错误，练习时各位学员要在各个位置上都要会操作。考核时，每位学员都要在位于被告人右侧的位置上进行主操作，以检验学员执行提押警务任务的整体能力。

二、提押实务技能基础动作分解训练

（一）用徒手安全检查的方法对被告人的人身进行安全检查

1. 准备动作：练习时3人一组，2人模拟司法警察，1人模拟被告人。2名司法警察各自位于被告人侧后方，司法警察与被告人呈"品"字形，其中位于被告人右侧的司法警察准备徒手执行安全检查任务。

2. 具体操作训练要领：口令：后检查，前检查，归位。

"后检查"：当听到口令"后检查"时，位于被告人右侧的司法警察上前半步，双手手指微张插入被告人头发按压数下，完成后双手离开头部提起按压住被

告人双肩衣领处，以按压或触压的方式顺着被告人的肩部向手指端检查，直至打开其握着的手掌及手指，再从被告人的手腕处顺着向下检查到腋下，按压数下，确定双上肢无藏匿物品；双手回至被告人的后背衣领处，再从上往下按压，确认后背无藏匿物品；再从两腋下往下按压，确认侧身位无藏匿物品；双手按压至腰部并环住腰部按压数下，确认腰部无藏匿物品；再从被告人的双下肢外侧向下按压至脚面，确认该部位无藏匿物品；再从被告人双下肢内侧向上按压数下，确认该部位无藏匿物品，双手回至被告人的腰部，稍停顿，即靠脚并取立正姿势，等待下一个口令。右侧的司法警察上前半步的同时，位于被告人左侧的司法警察迅速提手用右手按压住被告人的左侧肩部，用左手抓住被告人左手的肘部，控制住被告人，起到一个警戒和防备的作用，使被告人不能有所动作。

"前检查"：当听到口令"前检查"时，位于被告人右侧的司法警察向右跨出半步，向前三步走至被告人的右侧前向后转，向右侧横跨一步，正面面对被告人，双手手指微张插入被告人头发按压数下，完成后双手离开头部提起按压住被告人双肩前衣领处，以按压或触压的方式顺着被告人的肩部向手指端检查，直至打开其握着的手掌及手指，再从被告人的手腕处顺着向下检查到腋下，按压数下，确定双上肢无藏匿物品；双手回至被告人的前胸衣领处，再从上往下按压，确认前胸及腹部无藏匿物品；再从两腋下往下按压，确认侧身位无藏匿物品；双手按压至腰部并环住腰部按压数下，确认腰部无藏匿物品；再从被告人的双下肢外侧向下按压至脚面，确认该部位无藏匿物品；再从被告人双下肢内侧向上按压数下，确认该部位无藏匿物品，双手回至被告人的腰部，稍停顿，即靠脚并取立正姿势。取立正等待下一个口令。另一侧的司法警察保持原有的姿势不动，继续对被告人实行警戒。

"归位"：当听到口令"归位"时，执行安全检查的司法警察，向左侧跨出一步，顺着被告人的右侧身体向前三步走，向后转，稍停顿后，位于被告人左侧的司法警察撤回按压住被告人左侧身体的双手与左侧司法警察同时取立正姿势。恢复最初的"品"字形提押队形。

（二）使用手持式金属探测器方法对被告人的人身执行安全检查

1. 准备动作：练习时3人一组，2人模拟司法警察，1人模拟被告人。2名司法警察各自位于被告人侧后，司法警察与被告人呈"品"字形，其中位于被告人右侧的司法警察持手持式金属探测器准备执行安全检查任务。

2. 具体操作训练要领：口令：后检查，前检查，归位。

训练方法同徒手安全法练习。

三、提押实务操作能力综合训练

（一）动作要领讲解

准备动作：练习时 4 人一组，2 人模拟司法警察，1 人模拟被告人（着便服），1 人模拟看守所民警。2 名司法警察站成一排，与被告人和看守所民警面对相距 10 步左右，其中一位司法警察为主操作手，佩带有手铐 1 副（有需要增加其他戒具）准备执行提押警务任务中的与看守所民警交接、出示证件、提押票，给被告人的佩戴戒具，核对身份，安全检查等工作任务。口令为：交接、上铐、核对、安检、带走。进行主体操作的司法警察是位于被告人右侧的司法警察，练习小组中的各位学员都要到此位置上（也就是位于被告人右侧的位置上）练习上述工作任务的操作。

（二）提押实务操作能力练习内容

1. 与看守所民警的交接（口令："交接"）。当听到"交接"的口令时，2 名司法警察采用齐步走的动作要领向看守所民警走来，距离 1 米~2 米时立定，主操作司法警察对看守所民警说："你好！我们是××人民法院司法警察，今天为了开庭审理××案件，到你处提押××被告人，请予以准许，这是我们的人民警察证和提押票。"看守所民警核对人民警察证和提押票无误后，将人民警察证交还给司法警察留下提押票并说："好的，你们可以提押某某被告人。"2 名司法警察采用齐步走的动作，走到被告人面前，主操作人说："××，×××人民法院将对××一案进行审理，现依法提你到庭，在此期间须遵守人民法院相关规定，服从管理，否则将依法处理。"被告人回答："好的。"2 名司法警察等待下一个口令（注意，不得抢口令，即不得在指挥员下达下一个口令前提前操作下一个动作"佩戴戒具"）。

2. 佩戴戒具（口令："上铐"）。当听到"上铐"的口令时，2 名司法警察按照前面练习过的"背铐训练法"给被告人佩戴好手铐，如需要给被告人佩戴脚镣或者警绳还继续按照规范动作给被告人佩戴好上述戒具。戒具佩戴完毕后，执行上戒具任务的司法警察取立正姿势，等待下一个口令（注意，不得抢口令，即不得在指挥员下达下一个口令前提前操作下一个动作"核对身份"）。

3. 核对身份（姓名、性别、出生年月、案由、籍贯、住址等）（口令："继续"）。当听到"继续"的口令时，2 名司法警察按照前面练习过的"核对身份"操作练习，完毕后，执行核对被告人身份任务的司法警察取立正姿势，等待下一个口令（注意，不得抢口令，即不得在指挥员下达下一个口令前提前操作下一个动作"安全检查"）。

4. 安全检查（口令："安检"，方法同徒手安全检查或用手持式金属探测器检查）。当再次听到"安检"的口令时，2名司法警察按照前面练习过的"徒手安全检查法"或"手持式金属探测器检查法"操作练习，完毕后，执行安全检查任务的司法警察取立正姿势，等待下一个口令（注意，不得抢口令，即不得在指挥员下达下一个口令前提前操作下一个动作"带上警车"）。

5. 带上警车（口令："带走"）。当听到"带走"的口令时，2名司法警察同时出各自的左右手，抓住被告人的肘部，按照"品"字形步伐行进，向前行进10步~15步，自行立定。

听到"解散"口令时，自行解散后，以一列纵队归位对原出发地点或在原地待命。

第三节 提押（解）中的情况处置

一、提押（解）中的情况处置

（一）提押时，遇被告人不配合安全检查的

提押时，遇被告人不配合安全检查的，可先进行法制教育，经教育后，仍然不配合检查的，要强制进行检查。出现这种情况时，是被告人、罪犯的反常表现，这种反常表现应当是提醒司法警察对这一类被告人要特别予以关注，也就是说，这一类被告人藏匿有违禁物品的可能性会非常大。提押中，执行安全检查任务的司法警察要特别注意，要对这类被告人进行特别严格的安全检查。并要向此后担任看管、庭审押解、值庭任务的司法警察通告被告人的这一反常行为，以便此后接手的司法警察加强防范。

（二）核对身份时，遇被告人可能身染重病或传染病，无法出庭的

司法警察核对身份时，遇被告人可能身染重病或传染病，无法出庭的，应当迅速采取安全措施，并及时与审判人员或主审法官联系，以确定是否需要正常开庭。

如果不是属于警务方案所列的突发事件，要根据押解组领导的指示进行处置。

（三）发生被告人脱逃、自杀、自残等情况的

发生被告人脱逃、自杀、自残等情况，要在第一时间控制住被告人，对于已经脱离司法警察控制的被告人，要紧追不舍，不能让被告人有脱逃的机会。同时，要及时示警或报告领导，以寻求帮助、警力支援及领导的进一步指示。

（四）被告人自杀、自残后有生命危险的

因自杀、自残后有生命危险的被告人，要及时送医院抢救，并通知案件承办法官，视医生的医嘱再采取进一步的措施。在医院看护期间，要特别加强对被告人的看管，医院是公共场所，人员复杂，更要注重保障被告人以及司法警察自身的安全，不让其他犯罪分子、被告人或罪犯有杀人灭口、乘机脱逃等机会。

二、提押（解）中的情况处置的要求

对于不属于警务方案记载的较为常见的突发事件，首先要迅速判断该突发事件对本人负责提押的被告人的人身安全的危险程度。如果是非常紧迫的情形，应当迅速撤离原位置，在撤离到相对安全的位置时，及时向提押组长或司法警察领导汇报，以取得警力支援和进一步的指令。

1. 在处置过程中，司法警察要特别注意对本人负责提押的被告人的控制，在警力不允许的情况下，不能放弃对本人负责提押的被告人的控制而随意处置其他被告人。只有在警力允许的情况下，或本人控制的被告人已经另有司法警察控制、管理时，在安排好本人控制的被告人后，才可以脱离本人控制的被告人，参与突发事件处置。

2. 在处置过程中，要特别冷静。要做到忙而不乱，各负其责，分工合作，协同作战，对于发生在本人所控制的被告人或罪犯身上的突发事件，或是发生在身边的突发事件，要沉着冷静的予以处置，绝对不能慌张。处置时，动作要快，"快"字当头，把事件控制在萌芽状态，不让事态进一步发展，不将矛盾激化。处置突发事件，要以保障被告人的人身安全和不激化矛盾以及控制事态的进一步发展为处置原则。此外，在处置突发事件时，还要特别注重司法警察自身及周边群众的安全。

3. 在处置过程中，不得随意使用武器，一般性的突发事件可用警械具控制的，尽量用约束性、制服性警械具予以控制。用约束性警械具即能控制突发事件的就用约束性警械具，不要使用制服性警械具；用制服性警械具即能控制事态进一步发展变化的，就用制服性警械处置，绝对不能使用武器。在处置突发事件时，武器、警械具的使用要严格遵循《人民警察使用武器和警械条例》的规定。

提押的练习及答案

思考题

1. 人民法院司法警察在提押工作中对被告人的身份核查时应当注意什么？
2. 徒手安全检查法的要点是什么？
3. 用手持式金属探测器安全检查法的要点是什么？
4. 提押时，遇被告人不配合安全检查的情况怎么处理？
5. 核对身份时，遇被告人可能身染重病或传染病，无法出庭的怎么处理？
6. 提押时发生被告人脱逃、自杀、自残等情况的怎么处理？

第五章 途中押解

学习目标

了解并掌握在途中押解时管理、控制和监视被告人；掌握途中押解的情况处置；明确与执行看管任务的司法警察的交接程序。

学习重点

途中押解中管理、控制和监控被告人的实务操作；途中押解的情况处置。

【本章引例】

20××年7月17日9时30分，被告人张×故意杀人案在×中院第四法庭准时开庭。

早上9时左右，当押解车刚准备驶入法院大门，等候在大门两侧的三十余名被告人亲属强行阻拦车辆，致使押解车被迫停下。随即，被告人亲属将押解车团团围住，猛烈敲打车窗玻璃，强拉车后门把手，把手当即被损坏，后门险些被强行打开。

担任押解任务的司法警察，按照《押解突发事件处置预案》要求：一名司法警察紧紧拉住车后门，另两名司法警察则控制住被告人的双臂，驾驶员在采用电话报警的同时，打开警笛报警。司法警察支队领导接到报警后，迅速召集9名应急备勤警员到达现场，接近、控制警车，同时对围观群众展开解释疏导，对围攻警车的被告人亲属进行劝告，告诫其阻拦警车、妨碍执行公务是违法行为，将会受到法律制裁，并对现场一名气焰嚣张、煽动性极强的首要分子采取强制带离现场的措施，及时控制了现场，同时以警车为中心，采取人墙战术，驱散围攻人员，将押解车与人群隔离，使押解车迅速驶离现场，及时有效地处置了这起被告人家属围攻押解车事件。

途中押解可以理解为一个押解过程，也可以理解为一种押解方式。从押解过程来看，其含义是指人民法院司法警察将被告人从看守所或其他监管机构押到法庭接受审判以满足审判需要的过程。从押解方式来看，人民法院司法警察在途中押解中基本采用乘车押解[1]、乘飞机押解和徒步押解的方式执行押解，乘专用囚车押解是人民法院司法警察在途中押解中采用的主要方式。

途中押解因押解方式不同，其组织实施的方法、步骤和措施也有所不同。

第一节　乘车押解

一、乘专用囚车押解的组织实施

乘囚车押解是人民法院司法警察使用专用囚车押解被告人，是人民法院最主要的、适用范围最广的、安全系数最高的押解方式。

（一）准备工作

采用乘专用囚车的方法执行途中押解任务的组织实施要从做好各项准备工作入手，包括认真准备交通工具、制订方案、合理配备警力等工作，以此来保障警务安全。

1. 熟悉情况。接到押解任务后，司法警察押解负责人应根据押解的目的地，确定押解路线，所使用的交通工具；对于车程在 200 公里以上或行车时间在 2 个小时以上的押解任务，还需确定沿途食宿地点；必要时，可与沿途地点的兄弟法院或公安机关取得联系以得到他们的配合和协助。对陌生的路线进行实地勘查，以确定途中押解的安全状况。

出发前对所用车辆进行必要的保养和维修并备足油料；确定通信方案，备好通信器材，明确联系的时间和方法，规定通信信号；制订应急方案及协同方案，携带必要的武器、警械具；检查武器和警械等装备是否安全有效，必要时可配备备用器材，以防止因武器、警械发生丢失或损坏等情况而无法完成任务；准备好途中所需要的逮捕证副页或临时羁押证明、通行证件、警官证等有关证件；配备好沿途所需要用到的地图资料及必要的生活用品和相关药品。

2. 制订方案。押解任务实施前，司法警察领导或押解负责人应负责制订周密的押解方案。途中押解警务方案的主要内容应包括押解的组织领导，押解的路线、方式、通讯联络，押解途中的食宿，途中押解的安全防范措施，突发事件的处置预案，等等。

3. 车辆配备。根据案件性质和被告人人数等情况配备押解指挥车、囚车。对重大案件、人身危险性较大以及可能发生脱逃、行凶、自杀、自伤和其他危险

---

[1] 乘车押解可以分为乘专用囚车押解和乘普通车（船）押解。

行为的被告人,原则上实行一人一车押解,必要时配备备用车辆。成年被告人和未成年被告人、男性被告人和女性被告人、同案被告人、患传染病的被告人以及其他不宜同车乘坐的被告人,应当分开押解。

执行任务前应当对车辆进行检查,确保车辆性能完好。使用两辆以上囚车执行押解任务时,应当编号、编队、定人、定车、定位。

4. 配备警力。根据案件性质和被告人人数等情况配备相应警力[1]。1名被告人至少由2名司法警察押解;重大案件被告人,至少由3名司法警察押解;女性被告人由女性司法警察押解,原则上女性司法警察不得押解男性被告人。案情复杂、社会影响较大的案件应当增加警力。

5. 装备配备。按照《人民法院司法警察不同执勤岗位警用装备配备标准》等规定执行。提押、看管时应当配备手持金属探测器等装备。

(二)组织实施

1. 组织实施的要求。在途中押解任务的实施过程中,司法警察要切实加强司法警察工作责任心,注意安全押解,科学安排途中被告人的位置,对被告人的食宿、途中被告人的思想、行为等方面予以特别关注,以确保途中押解任务的绝对安全。

2. 安全提解。在提解被告人时,司法警察应认真核对被告人的身份(即"被告人六项"的内容),清查被告人的人数,做到不错提、不漏提,防止发生差错。司法警察应对被告人的人身和随身携带的生活用品进行严格的安全检查,防范其携带违禁物品和危险物品,对经过安全检查的物品应当妥善放置和保管,不能与未检物品混杂放置,防止因混杂后,漏检相关物品。

3. 科学安置。在安置被告人时,要注意安全,应将被押解人执行前铐,然后给被押解人加戴便携式脚镣,并用手铐、警绳等将被押解人固定在囚车囚笼的铁栅栏上,以控制其人身自由和活动范围,确保途中安全。

4. 安排食宿。如果途中押解路途较远,押解途中必须食宿的,司法警察应当在确保安全的情况下妥善安排。被告人晚间需住宿的,可凭起诉书、一审判决书、逮捕证副页、临时羁押证明或其他法律文书与当地公安机关或人民法院取得联系,请求协助安置,必须将被告人羁押在当地的看守所或其他专门羁押场所,不得在法院羁押室留宿被告人,更不得带被告人在宾馆、招待所等处住宿。途中必须就餐的,应当尽量避免让被告人出现在公共场所,而是在采取严密措施的情

---

[1] 属于长途押解的,必须配足警力,押解人员最低要达到被押人数的2倍。长途押解时间跨度超过一天(即超过24小时)应按昼夜三班配备警力,并将参与长途押解任务的司法警察按需要划分为若干个组或若干个小队(分队),指定各组的组长、小队长或临时负责人,明确各组、队的任务及交接班的时间和方式。

况下，由司法警察统一购买食物，在囚车内羁押位置就餐；不得带被告人到饭店就餐，更不得接受被押解人亲友的食物和饮料，不得带被告人进入商场、剧院等公共场所。

5. 控制行为。押解途中，司法警察应严格控制被告人的行为，及时了解、掌握被告人的思想动态；时刻监控被告人的举动，防范被告人脱逃、行凶、自杀、自残、串供和传递信物等事件的发生。不得让他人与被告人接触，严防被告人与外界联系，防范其他人员抢夺、劫持被告人或罪犯。

6. 文明押解。押解途中，执行押解任务的司法警察不得随意讯问被告人的案情；不准虐待、体罚被押解人；不得擅离岗位，不得失去对被告人的管理和控制，押解途中，司法警察不准饮酒；管理好警械和武器，配备的枪支不得离身。

7. 押解女性被告人时，应当由女司法警察参与，负责执行押解任务、保障押解安全以及对女性被告人的途中生活进行管理。

8. 押解被告人上下车时，司法警察要抓住被告人的手臂或手铐，防止意外事件的发生。

9. 对可能患有精神疾病易发作又不易控制的被押解人，司法警察在执行任务前还应联系医生随车看护，以防范被押解人精神疾病发作。也可事先经专业医生配置一定的药物随车备用，以备途中被押解人疾病发作时用以医护和处理。

（三）办理交接看管

执行途中押解任务的司法警察将被告人押解至羁押场所后，执行押解任务的司法警察与执行看管任务的司法警察应当办理交接手续。

1. 险情告知。执行途中押解任务的司法警察在与羁押室执行看管任务的司法警察交接时，要注意清点人数，告知各被告人的具体情况，将必要的法律文件与交接手续一并交给执行看管任务的司法警察，特别是要将提解途中发生的情况、被告人的情绪变化及时告知执行看管任务的司法警察，提醒执行看管任务的司法警察对特殊被告人加强监督、管理和控制。对于有逃跑可能的被告人，执行途中押解的司法警察要对执行看管工作的司法警察将险情作特别交代，以便于看管司法警察采取严格的看管措施，防范事故的发生。

2. 核实身份。执行途中押解任务的司法警察应当协助执行看管任务的司法警察将被告人关押入囚室内，换下途中押解所使用的械具，换上羁押室内的械具。执行看管任务的司法警察应当逐人登记各被告人的姓名等"被告人六项"的内容。

3. 安全检查。执行看管任务的司法警察应对被告人或罪犯的人身及随身物品进行安全检查，并用专用告知词宣布看管纪律。对于可能有自杀、自残倾向的被告人，应将其安置在墙面进行过软包装处理的囚室内，以防范其自杀、自残等行为对其自身身体造成伤害。

4. 确认手续。执行途中押解的司法警察与执行看管任务的司法警察应当共同在交接簿上签字,以确认交接被告人的人数及名单。交接簿一般放置于羁押室的监控室内,是执行看管任务的司法警察的工作日志。执行途中押解任务的司法警察应当另行建立押解工作日志。押解日志与看管日志是两类不同警务任务日志,不能等同,更不能混淆,均应独立建立以备查。

二、乘普通车(船)押解的组织实施

乘普通车(船)押解被告人,是一种特殊情形下的途中押解方式。乘普通车(船)押解,是指人民法院司法警察乘用火车、船舶等交通工具以完成对被告人或罪犯的押解任务。这是一类极为特殊的押解方式,比较多的是在交通不便只能用船只进出的海岛、幅员辽阔的边疆地区采用。现阶段,我国经济社会有了很大的发展,人民法院司法警察的装备有了极大的提高,司法警察已经较少采用乘普通车(船)这种押解方式,乘普通车(船)押解是乘专用囚车、普通警车等押解方式的补充。

(一)乘普通车(船)押解的组织实施

1. 准备工作。主要内容与"乘专用囚车押解"的准备工作基本相同,不同之处在于:乘普通车(船)押解被告人时,司法警察应事先与车(船)上的公安执勤人员或其他工作人员取得联系,以取得公安执勤人员或其他工作人员对押解工作的支持,确保被告人在车(船)上的安全。

2. 科学安排。司法警察应尽量将被押解人安置在易于监控、与乘车(船)群众相对隔离、远离车窗和舱门,尽量靠近厕所等相对安全处。同时,还应注意将被告人安置在远离船舷、驾驶室、机舱等危险、要害部位,被告人不易接近且可能引发安全事故的位置。必要时,可将被告人或罪犯用手铐固定在公交车(船)的固定部位,以利于对被告人的管理和控制,保障押解安全。

3. 强化警力。乘车(船)押解除了押解路途远、所用时间长、工作环节多等困难外,司法警察还需安排被告人在车(船)上的生活事宜,故应相应地增加警力,以确保有足够的警力用以警戒、轮换执勤,保持司法警察的体力,保存司法警察的战斗力,保障押解任务的安全。

(二)乘普通车(船)押解应注意的问题

1. 乘车(船)押解被告人上下车(船)时,司法警察必须抓住被告人的手臂、肘部或手铐,以防范被告人突然袭击、挣脱、跳水、跳海等行为。一旦让被告人脱逃,可能造成极为严重的警务事故,司法警察因此要格外注意上下车(船)时对被告人的控制。

2. 乘车（船）押解时，遇同乘群众围观、询问时，司法警察要注意对被告人的控制，劝说围观群众不要长时间围观被告人，或有不文明的行为。司法警察要对被告人的关押场地进行警戒或巡逻，以防范不测事件的发生。

3. 在采用船舶进行押解时，有轮渡船只可渡押解车辆的，司法警察不得采用将被告人安置于船舶上的方法，应将被告人安置在押解车辆上，以增加乘船押解的安全系数。

第二节　乘飞机押解

乘飞机押解，即采用乘坐飞机的方式押解被告人。因乘坐飞机押解与其他乘坐的交通工具有很大的不同，对安全方面的要求非常严格，故对这类的押解任务应制作详细的警务方案。其中，最为重要的环节是应与机组人员、机场公安机关取得联系，以取得机组人员和机场公安机关的有效配合，强化飞行过程中对被告人或罪犯的管理和控制，以杜绝安全事故的发生。

一、乘飞机途中押解的组织实施

1. 准备工作。采用乘机押解的方式押解被告人前，司法警察应当做好充分的准备工作。一是要有登机、乘机、接机等押解全过程的方案。二是要选派精干、控制能力强、警体素质好的警员执行押解任务。三是各方面要衔接好，不能出现脱节现象。特别是被告人具有一定的人身危险性，要对被告人或罪犯乘坐飞机的危险性进行适当的评估。只能在确保安全的前提下，才能选用乘坐飞机的方式押解被告人，否则就不能采用这种方式押解。四是要有突发事件的处置预案，特别是对被告人在飞行途中发生的突发事件必须要有预案。

2. 协调工作要提前。司法警察与机场公安人员、机组人员及空警的协调与联系要提前，及时向上述单位或人员通报所押解被告人的情况，商请上述单位及人员予以配合。乘坐飞机的相关手续要提前办好，特别是关于被告人进出机场的安排，一定要认真听取公安人员的意见，尽可能走比较安全的通道。

3. 机组人员要配合。将被告人押上所乘坐的飞机后，司法警察要与机组人员进行有效配合，应与机组人员保持不间断的协调与联系。关于被告人在飞机上位置的安排，要听从机组人员的意见，以保障被告人在飞行途中的安全，当然，也要兼顾其他乘客的人身安全。

4. 接机人员要到位。目的地的接机人员要及时到位接机，接机人员也应与目的地机场的公安人员事先沟通并联系好，请他们配合押解工作，让接机的专用囚车直接到停机坪飞机停靠处接送被告人，以减少被告人或罪犯接触其他人的机会，从而保障接机时的安全。

二、乘飞机押解时应注意的问题

1. 乘机押解不适用武装押解，故应当特别注意加强对被告人的管理和控制，注意安全，司法警察在执行乘机押解时应当配备约束性和制服性的警械具。

2. 对被告人的安置，事先要与空警或机场公安人员联系，用绿色通道进入机舱，并在机上较为安全的位置安置被押解人。

3. 司法警察要以适当的方式掩饰被押解人的身份，以免引起同机乘客的安全忧虑。

第三节 徒步押解

徒步押解，按照字面意思来理解就是不采用任何交通工具，司法警察只是靠采用步行的方式将被告人予以押送并完成押解任务的押解方式。徒步途中押解是一种极少采用的押解方式。随着人民法院物质装备建设的不断完善，目前司法警察已不再采用徒步的方式押解被告人，更多的是采用乘坐专用囚车、普通警车等方式押解被告人。徒步途中押解在安全方面存在着极大的风险，最高人民法院出台了许多规定，明令禁止采用徒步的方式押解被告人。因此，徒步押解只是不得已的情况下采用的押解方式，其组织实施与其他方式押解有着很大的不同。

一、徒步押解的组织实施

1. 熟悉情况。徒步途中押解在组织实施前，必须对押解沿线情况事先进行查看并熟悉。在执行押解任务前，警队领导或押解负责人应当事先对押解必经路线进行勘察，以熟悉押解路线沿途的情况，做到心中有数。在实践中，通常是案件所在地法院警队的司法警察可在当地采用徒步押解的方式，而异地的司法警察不能也不敢采用徒步途中押解，其主要原因就在于本地司法警察对押解沿途的情况比较熟悉，而非本地区（地域）的司法警察一般对押解路线都不是十分熟悉或根本就不熟悉。因此，异地执行押解任务的司法警察不允许在不熟悉的环境中采用徒步途中押解的方式押解被告人。

2. 防范措施。执行徒步押解任务要有确保押解安全的防范措施。徒步途中押解所处的环境是一个开放的环境，且需要将被告人从一地押至另一地，司法警察所处的空间在不断地变换，是一个动态的工作任务。途中还可能穿行闹市、居民区等人群密集区域，可能引起群众围观、尾随等事件发生。因此，徒步途中押解特别需要具备严密的安全防范措施。如采用贴身押解、抓住被告人的手臂、使用头罩等安全措施。徒步押解必须使用械具，必要时可同时使用多种械具，以确保安全。比较常用的方法是：手铐和警绳结合使用，手铐和脚镣结合使用以及手铐、脚镣和警绳同时使用。

3. 警力配备。执行徒步途中押解任务，要根据被押解人的数量，适当增加押解警力。除在《刑事审判警务保障工作规则》所规定的押解警力配备原则基础上配备警力外，还应当配备巡逻警力和机动（后备）警力。巡逻警力一部分用于徒步途中押解队伍前的开道和疏导交通以及排除干扰等，另一部分用于侧卫和殿后，保护押解队伍侧面和后部免受干扰和破坏。后备及机动警力也要用于防范、处置突发事件。徒步途中押解被告人往往需要配备几倍或数倍的警力来执行任务。因此，单从所需配备警力这一角度来看，徒步途中押解的组织实施要求较高，保障安全的责任更为重大，应当尽量少采用。

4. 押解人员责任心要强。执行徒步押解的司法警察及其他押解人员必须要有高度的责任心，时刻保持警惕，严密防范被押解人的不法行为。押解途中存在极大的危险性，必然要求参加押解任务的司法警察要有高度的责任心，始终保持高度戒备，警惕周围环境，严密防范外界的干扰与其他不法分子的侵袭。

5. 通信器材要配备。执行徒步途中押解的司法警察应当配备必要的通信器材，用于前后联系、沟通和通报情况，以及在发生非常事件的情况下，及时向领导汇报情况，请求警力增援或与"110"等单位联系。

二、徒步押解在组织实施时应注意的问题

1. 遇群众围观时，司法警察应当及时劝阻、劝说群众不要靠近、接触和与被告人交谈，应及时设立警戒线，以隔离被告人。同时，应当严密防范被告人或罪犯或其他犯罪分子钻空子进行串供、捣乱或劫持人员。此外，还要防范被告人的家属、亲友围阻或纠缠，以及注意防范被害人家属、亲友围堵、打骂和污辱被告人。

2. 遇有较为危险环境和复杂地段、地域，押解人员应始终处在被告人侧后，抓住其手臂或手铐，贴身押解被告人，要使其他人员与犯人保持一定距离，并严密监视被告人的动态，防止其脱逃、自杀、自伤或者行凶等事故的发生。

第四节 途中押解的情况处置

一、途中押解在准备出发阶段的安全防范措施

途中押解情况处置教学课件

为保障途中押解工作的顺利进行，人民法院司法警察无论采用上述的哪种押解方式，都应当在准备出发阶段做好安全防范工作。实践中，途中押解在准备出发阶段须落实以下安全防范措施。

（一）熟悉押解沿线情况

在实施途中押解任务前，司法警察领导或押解负责人应当事先进行必要的路线勘查，以熟悉押解路线沿途的路况、交通通行能力、安全保障等情况，对可供通行的路线要做到心中有数。

（二）清点人数

在将被告人押上囚车前，首先要清点人数。一次提解（提押）多名被告人的，在离开看守所或其他羁押场所前应认真清点并核对被告人的人数，以防止少提、漏提被告人或罪犯等事故的发生。

（三）分车押解

按照事先准备好的被告人的名单及其所乘坐的囚车车号分配名单，将被告人分别押上囚车。

（四）宣布纪律

在途中押解开始前应对被告人宣布押解纪律。宣布押解纪律时，司法警察应当按照《执法细则》"第二章刑事案件审判警务保障2-4.1.提押"中规定的告知词内容宣告，具体使用的告知词应是："×××，×××人民法院将对××一案进行审理，现依法提你到庭，在此期间须遵守人民法院相关规定，服从管理，否则将依法处理。"同时要将违反纪律可能面临的处罚措施一并告知被告人，以使被告人对违反押解纪律的后果有一个预期，从而以纪律来保障途中押解任务的安全。

（五）适当增加警力的措施

司法警察队领导或押解负责人应当根据被押解人的数量，适当增加途中押解

的警力，除按照最高人民法院下发的《刑事审判警务保障工作规则》所规定的配警原则配备警力外，还应当增加配备适量的机动或后备警力。

（六）配备备用囚车

司法警察队领导或押解负责人应当根据途中押解任务的具体情况配备一定数量的备用囚车，作为备用车辆备用。

二、途中押解的情况处置

司法警察在押解途中应做好监控和管理，对途中押解可能发生的情况做好处置应对措施，以确保途中押解警务的绝对安全。

途中押解阶段会发生特殊情况的原因是多方面的，主要有：一是途中押解始终处于一个动态的环境中，司法警察较难控制被告人；二是途中押解一旦发生特殊情况，极有可能造成被告人的死伤、脱逃等重大事件；三是途中押解远离警队本部，不能迅速得到警力支援。基于上述原因，要求作为执行途中押解的司法警察，应具有途中押解中的情况处置综合能力。

（一）遇途中交通事故时的情况处置

押解途中遇有交通障碍或事故时，司法警察应及时疏通道路或绕道行驶，以最快的速度开辟新的行车路线；遇有押解车辆发生故障或交通事故时，押解人员应及时组织警戒，劝阻围观群众，确保被告人或罪犯的安全。押解车辆不能及时修复的，司法警察应启用备用车辆和调用其他车辆更换押解车辆。但不论采取哪种应对办法，都应尽量减少途中停留时间，保证对被告人的绝对控制，尽快到达押解目的地。执行押解任务的专用囚车，严禁搭乘与押解工作无关的人员。尤其是专用囚车上已关押有被告人时，绝对不允许搭乘其他人员。

途中押解遇交通阻塞时，执行押解任务的司法警察不能擅离职守，应当坚守押解工作岗位，更应加强对被告人的监控和管理，以防不测。

遇交通事故造成人员伤亡的，首先要保障被告人的人身安全。在警力充足，对被告人的安全可控的情况下，也可参与救治伤员，但必须以保障途中押解任务安全为重，被告人的安全始终要放在第一位，绝对不允许将被告人的安全置于一边不管不顾，而去处理与警务安全无关的其他事务。

（二）对押解途中被告人突发疾病时的情况处置

押解过程情况复杂，尤其是长途押解，遇到被告人在押解途中突发疾病的情况，作为一名司法警察一定不要手忙脚乱，而要冷静处置，做到心中有数。要按照平时训练掌握的医学急救知识先对被告人采取医学急救措施，冷静观察情况，对被告人进行言语安抚，同时变换约束性械具，背铐换成前铐。及时向警队领导汇报情况，根据具体情况决定是否送就近医院进行治疗。在检查、救治过程中，司法警察要加强看管或警戒。

（三）押解患有传染性疾病的被告人时的情况处置

押解患有传染性疾病的被告人时（如艾滋病患者），司法警察面临着很大的风险，应当采取有效防护措施，应当佩戴口罩、防护手套，着隔离服或者采取其他相应防护措施，要有自我保护的意识。必要时根据情况可以给艾滋病患者被告人带上头套。当艾滋病患者被告人与其他非艾滋病患者被告人系一案时，应当严格遵循同案被告人分车提押的规定，将艾滋病患者被告人单独押解至一辆囚车上，绝不能将艾滋病患者被告人与其他非艾滋病患者被告人混同押解至同一辆囚车上，防止传染情况发生，从而导致较为严重的后果。押解残疾或行动不便的被告人时，可使用轮椅、担架等辅助设施。

（四）押解过程中被告人如厕时的情况处置

在实践中被告人如厕容易出现被告人的亲属或其他人与被告人接触；有的被告人并非真正如厕，而是想借机与其亲属相接触。有条件的法院要建立被告人专用厕所，最好把厕所建在离羁押室很近的地方，以防止意外情况的发生。被告人在押解过程中需要上厕所时，每名被告人应由2名司法警察监控，遇有女性被告人时，应由女性司法警察监控。被告人如厕前，司法警察要注意查看厕所的环境是否安全，厕所内有无危险品及障碍物。被告人如厕时，司法警察应处在有效控制位置，防止脱逃等意外事件的发生。

（五）遇到有车辆尾随时的情况处置

在遇到有车辆尾随时，应当呼叫指挥车对尾随车辆进行驱赶或截留，不能让其尾随，不能暴露押解的目的地和主要任务。途中押解行车中，绝对不允许无故中途停车，如发现被告人或罪犯的行为有可能危及其自身或他人的生命安全情形时，应当报请领导后及时送医院救治，但也不允许在中途停车。

（六）被告人在车内有不法行为时的情况处置

发现被押的被告人有不法行为的，应视情形予以处置，以确保车内安全。具体应对方法如下：发生被告人之间串供的，如仅仅是言语上的串供，司法警察应当迅速予以打断，并予以警告，防止其再次串供；如被告人之间有传递信物的情形的，应当将信物予以扣留，并适时交司法警察领导或押解负责人处理；如发生被告人之间互相漫骂、殴打的，要及时予以制止，防止事态的扩大；被告人脱逃的，要组织警力予以不间断地追逃；被告人有自杀、自残行为的，要及时制止，制止不及时造成伤亡的，要及时组织救治。

（七）在车辆暂停时的情况处置

押解车辆暂停而遇群众围观时，司法警察队领导或押解负责人应当派出警力及时劝阻、劝说群众不要靠近、接触和围观被告人，更不能让其他不明身份的人员与被告人进行交谈、交流。为防不测事件的发生，应及时设立警戒线，以隔离被告人。同时，应当严密防范被告人借机串供，或让其他犯罪分子钻空子捣乱或劫抢被告人。此外，还要防范被告人的家属、亲友围阻纠缠，更要防范被害人家属、亲友围堵、打骂和侮辱被告人。

1. 乘车押解如何组织实施？
2. 乘飞机押解如何组织实施？
3. 徒步押解如何组织实施？
4. 在途中押解过程中，司法警察应如何应对突发情况？

第六章　庭审押解

学习目标

通过本章学习，明确了解并掌握庭审押解中，人民法院司法警察如何对被告人进行有效的监控和管理；掌握规范执行庭审押解的各项动作要领，保持令行禁止、严肃认真的工作作风；对于出现在庭审押解过程中的常见突发事件，能够妥善予以处置。

学习重点

庭审押解动作要领；庭审押解的组织实施；庭审押解中的情况处置。

【本章引例】

被告人马××，男，1985年7月生，四川成都人，汉族，初中二年级文化程度，无业。曾因犯抢劫罪于2005年1月被判处有期徒刑13年，2014年5月刑满释放。因涉嫌犯贩卖毒品罪于2017年12月被南通市公安局开发区分局依法逮捕。马××因向他人贩卖冰毒（甲基苯丙胺）37.5克，受到公检机关指控。2018年6月26日10时，南通经济技术开发区人民法院刑事审判庭拟对马××等3名涉嫌贩卖毒品罪的被告人进行审判。

2018年6月26日上午，3名涉嫌贩卖毒品罪的被告人准时被押解到指定法庭受审，9时40分许，正在候审的被告人马××提出要上厕所，其未经司法警察准许突然冲出法庭，并迅速从二楼跳窗逃跑。逃脱时马××戴着手铐，但没戴脚镣，逃离速度较快，法院立即组织搜捕，同时报告区公安分局，公安部门马上全力展开追捕。7月5日，公安部发布A级通缉令追捕在逃犯罪嫌疑人马××。随后，浙江省公安厅发布通缉协查，要求各市（区）公安机关根据公布《通缉令（A级）马××》要求部署相关查缉工作。7月19日，马××于湖南怀化落网。

经调查，马××脱逃事件系法院安全保障管理不到位，重大刑事案件押解看管警力调配不足，执勤法警思想麻痹、安全意识淡薄，违反司法警察押解、看管、警械具使用规定等原因造成。同时也充分暴露出押解司法警察在庭审押解环节存在很大问题，包括如下几个方面：

1. 安全防范思想认识不全面。负责庭审押解的司法警察在刑事开庭警务保障安全防范中对于被告人脱逃情况预判不够或重视程度不够。

2. 对被告人心理状态了解不够。有重罪前科的被告人在二次庭审羁押候审期间,求得自由的侥幸心理比初次犯罪期间要大得多,其欲通过脱逃逃避法律制裁的心态更为强烈。押解司法警察对被告人的这种心理状态掌握不够。

3. 与看管司法警察沟通不够。负责庭审押解的司法警察在法院临时羁押场所提押被告人时,与负责看管的司法警察交接工作做得不够细,没能全面了解被告人在押期间的思想动态与行为动向。

4. 预案准备不够充分。本案开庭前针对此类人身危险性较大的犯罪嫌疑人所制定的保障预案,明显对脱逃这类突发事件的复杂性考虑不周全,导致后期处置不当。

5. 对被告人控制仍然存在疏漏。根据2019年1月24日颁布的《刑事审判警务保障工作规则》"第二章 押解"第21条的规定:司法警察执行庭审押解时应当注意以下事项:……②对人身危险性大或者有脱逃、自杀、自伤等倾向的被告人不得解除戒具;……④如遇法庭内突发紧急情况,应当严密控制被告人,不得擅离岗位,情况紧急时可以将被告人暂时带离法庭。因此,对于马××这种人身危险性大、有脱逃、自杀、自伤等倾向的被告人,庭审期间不得解除戒具。因为本案押解司法警察与审判人员沟通不足,对被告人的人身危险性预判不够,按照《执法细则》的规定,庭审期间,司法警察发现已解除戒具的被告人有脱逃、行凶、自杀、自伤和其他危险行为倾向或者举动,应当及时向审判长或者独任审判员报告,对被告人使用戒具。因此本案中,如果司法警察发现事故苗头后对马×××同时佩戴手铐、脚镣,被告人的脱逃机会则会变小。

请思考:
1. 庭审押解有哪些常见类型?
2. 庭审押解应如何组织实施?

第一节 庭审押解的组织实施

庭审押解的组织实施教学课件

庭审押解，是指在刑事审判活动中，司法警察依照审判长或者独任审判员的指令将被告人押解到法庭，确保带入、庭审、带离过程安全的一种押解类型。庭审押解一般分为日常庭审押解、特殊庭审押解与大型审判活动押解三类，下面分别就这三类庭审押解的组织实施予以介绍。

一、日常庭审押解

（一）日常庭审押解前的准备

将被告人带入法庭前，押解警务负责人应当再次清点被告人人数、核对身份、了解基本情况，掌握羁押位置、出庭顺序和时间，对可能发生自伤、自杀、行凶、脱逃或者其他危险行为的被告人提前做好防范准备。

没有专用通道的人民法院准备开庭时，1名押解司法警察或警戒司法警察应先行进入法庭观察情况，通过调整，保证法庭情况良好后返回临时羁押场所，依照押解比例配比的押解司法警察押解被告人，将被告人押至法庭外等候。在押解过程中，警戒司法警察或押解司法警察在控制被告人的情况下，应通过语言及手势要求途中所遇人员避让，以便顺利通过（图6-1）。设有专用通道的法院准备开庭时，押解司法警察依照押解比例配比押解被告人，通过专用通道将被告人押至法庭外等候。

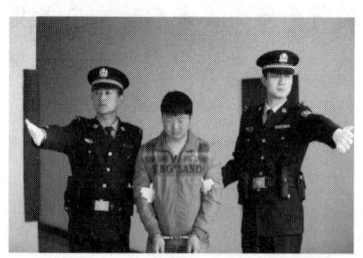

图6-1　庭审押解途中要求避让

（二）日常庭审押解的动作要领

1. 进入法庭。

（1）押解1名被告人时，押解司法警察听到审判人员指示后，直接押解被告人进入法庭（图6-2）。依照审判长或者独任审判员的指令，将被告人押入法庭，司法警察位于被告人两侧，控制其肘部，将被告人带到指定位置，使其面对审判席站立。在押解的同时，一名司法警察注意旁听席情况，另一名司法警察注意被害人家属情况，遇有情况应及时制止。司法警察押解被告人进入法庭，步伐要统一规范，动作要规范准确。待被告人立于指定位置后，押解司法警察位于被告人侧后方监控，监控时应精力集中、动作规范、举止端正、行为文明。

（2）押解多名被告人时，警戒司法警察或 1 名押解司法警察先行进入法庭，站在旁听席前，面向旁听群众跨立。听到法官指令后，押解司法警察押解被告人进入法庭（图 6-3）。押解多名被告人进入法庭原则上均应安排 2 名司法警察押解 1 名被告人，司法警察应当分别位于被告人侧后方，各抓住被告人的肘部，按照出庭顺序和出庭时间采取齐步走的姿势保持队形行进，行进间要保持适当的间距，以保障安全。

图 6-2　押解 1 名被告人进入法庭

图 6-3　押解多名被告人进入法庭

（3）押解可能被判处死刑的被告人，应由 3 名以上司法警察负责，其中 2 名司法警察分别处于被告人两侧，可采用单手抓拉其肘部的方式或一手拉起肘部一手按压其肩部的方式（图 6-4）；另一名司法警察在死刑犯身后，右手扣住死刑犯的颈绳，左手自然下垂；其他司法警察应当作为机动人员随时待命或作为轮流人员定时轮流担任庭审押解任务，以保持司法警察的体力和旺盛的战斗力。押解可能被判处死刑的被告人时，3 名司法警察在法庭审理期间，均应采用立姿押解，不得采用坐姿押解，以确保法庭审理的绝对安全。庭审时间较长的，可安排替换警力，轮流执行庭审押解中的警戒任务。

图 6-4　两名司法警察押解一名被告人动作要领

2. 戒具使用。

（1）对于刑事案件的被告人，在庭审前应向审判长或者独任审判员确认是否解除被告人戒具，在法庭审理期间司法警察应规范使用戒具，对于人身危险性大的被告人或者有发生自伤、自杀、行凶、脱逃或其他危险行为的被告人不得解除戒具。司法警察部门与案件承办部门意见不一致的，可报请分管刑事审判工作的院领导决定。庭审期间，司法警察发现已解除戒具的被告人有脱逃、行凶、自杀、自伤和其他危险行为倾向或者举动，应当及时向审判长或者独任审判员报告，对被告人使用戒具。[1]

（2）在听到审判长或者独任审判员"请打开被告人的戒具"的指令后，担任庭审押解任务的司法警察应立即上前打开被告人佩戴的戒具，然后退回原位。取下的戒具，应当由司法警随身携带，不得当庭随手乱放（图6-5）。

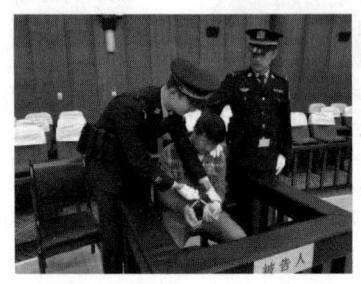

图6-5　打开手铐动作要领

（3）在庭审押解过程中，被告人出现违反法庭纪律的言行时，要先行对被告人予以提醒、警告，如果仍不能制止被告人的，要对被告人加戴戒具，以限制被告人的行为，保障安全。

（4）多名被告人案件庭审的案件，当法庭对某一被告人单独分开审判时，自其他被告人退出法庭，还押至羁押室前均应当给被告人戴上戒具。

---

〔1〕关于庭审押解中是否使用戒具问题，根据2019年1月24日颁布的《刑事审判警务保障工作规则》第19条第5款规定：对被告人规范使用戒具。第20条规定：司法警察执行庭审押解时应当按照以下程序进行：①庭前向审判长或者独任审判员确认是否解除被告人戒具。第21条规定：司法警察执行庭审押解时应当注意以下事项：……②对人身危险性大或者有脱逃、自杀、自伤等倾向的被告人不得解除戒具。根据《执法细则》"第二章　刑事审判警务保障2-4.3.庭审押解"的规定：……3.戒具使用。开庭前向审判长或者独任审判员确认是否打开戒具。对于人身危险性大，或者有脱逃、自杀、自伤等倾向的被告人，不得解除戒具。司法警察部门与案件承办部门意见不一致的，可报请分管刑事审判工作的院领导决定。庭审期间，司法警察发现已解除戒具的被告人有脱逃、行凶、自杀、自伤和其他危险行为倾向或者举动，应当及时向审判长或者独任审判员报告，对被告人使用戒具。

（5）当审判长或独任审判员宣布休庭，法庭审判结束后，应当立即给被告人戴上戒具，以防范其不法行为和约束其行动。

3. 庭审控制。在庭审过程中，司法警察应当使用被告人桌椅或者其他束缚措施，对被告人实施有效控制。使用被告人桌椅时，2名司法警察分别控制被告人肘部，一名司法警察打开束缚板，另一名司法警察按压被告人肩部，示意其坐下，被告人坐下后对束缚板加以固定。如使用囚笼时，司法警察应当抓住被告人肘部，一名司法警察打开囚笼门，将被告人置于囚笼内，另一名司法警察锁闭囚笼门。

需要被告人站立的，按照审判长或者独任审判员的指令，司法警察为其打开束缚板，对其实施有效控制（图6-6）。

图6-6　押解被告人至被告席（囚笼）动作要领

在庭审期间，被告人不遵守法庭规则，有危及审判人员、其他诉讼参与人、司法警察及旁听人员人身安全的行为时，在审判长或独任审判员的同意下，除了采用对被告人不解除所戴手铐进行审理的防范措施外，还可采用对被告人加戴脚镣等约束性警械具，以及将被告人用手铐等戒具固定在囚笼、束缚椅上等方法，防范其不法行为，以强化庭审安全。

4. 押解姿势。司法警察在庭审押解过程中应当根据不同情况采用立姿或者坐姿。

（1）立姿。公诉人起诉书宣读完毕以前和法庭宣判时，司法警察站立于被告人侧后方，单手抓住其肘部，另一手自然下垂，两脚跟靠拢并齐，双腿挺直，自然挺胸（图6-7）。3名司法警察押解重大案件被告人时，应始终采用站姿。其中，两名司法警察分别位于被告人两侧后，一手抓住其肘部，另一手自然下垂；另一名司法警察在被告人身后，保持跨立姿势（图6-8）。

图 6-7　庭审押解采取立姿动作要领

图 6-8　押解重大案件被告人采取立姿动作要领

（2）坐姿。公诉人起诉书宣读完毕后，司法警察可以采用坐姿（法庭宣判时除外）。司法警察坐于被告人侧后方，上身挺直，双臂放于大腿或者椅子扶手上，两脚分开与肩同宽（图6-9）。

图 6-9　押解被告人采取坐姿动作要领

5. 带离法庭。庭审结束，当听到审判长或独任审判员庭审结束的指令后：

（1）处于被告人右后侧的司法警察立刻起身上前按照戴手铐的步骤为被告人戴上手铐，负责看管被告人（图6-10）。

（2）警戒司法警察或被告人左侧司法警察立刻起立转身面向旁听席，引导旁听人员离开、防止发生意外。

（3）待旁听人员全部离开法庭后，警戒司法警察或左侧司法警察关闭法庭大门。

（4）法庭大门关闭后，左侧司法警察控制被告人肘部，右侧司法警察打开固定座椅门栏[1]。

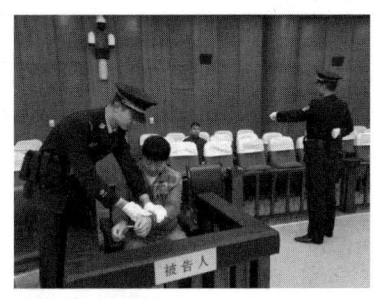

图6-10　庭审结束给被告人戴上手铐

押解的司法警察将被告人押回羁押室时，应当与看管的司法警察办理交接。交接的内容主要是确定被告人的人数及身份有无变化。法庭审理结束后，被告人人数及身份可能发生变化，如被法庭认定为无罪的人应当当庭释放，则被告人人数相应减少。与此相反，采取取保候审、监视居住等强制措施的被告人被判决有罪而应收押执行，则押解的人数会增加。另外，司法警察还要做好登记工作。登记的内容包括：核对被告人身份并进行登记；对被告人在庭上的表现以及审理可能对被告人心理产生的影响记录在案，以便在执行还押任务时采取有效的应对措施。

（三）日常庭审押解的要求

司法警察执行庭审押解任务时，言行举止直接代表着人民法院、人民检察院的形象，应当遵守法庭纪律，精神集中，态度严肃，不得有以下行为：

1. 让无关人员接触被告人；
2. 与被告人随意交谈或者询问案情；
3. 侮辱或者变相体罚被告人；
4. 其他与庭审押解任务无关或者违法违纪的行为。

---

〔1〕根据2019年颁布的《刑事审判警务保障工作规则》第22条"庭审结束后，司法警察应当及时将被告人还押到看守所或者其他监管机构，一般不得让被告人在法庭或法院羁押场所签阅庭审笔录"的规定，原先有让被告人当庭签字的做法，现已取消。

在庭审中，司法警察押解押解对象进出法庭，应按照审判长或独任审判员的指令行事。押解对象提出的任何请求，须经审判长或独任审判员的许可方可进行，司法警察不得以任何方式和理由催促缩短庭审时间。

庭审押解应按季节规定统一着制式警服，佩戴警衔标志。着装应整齐、干净，不得披衣、敞怀、卷裤腿、歪戴帽子、穿拖鞋和赤足。

二、特殊庭审押解

特殊开庭泛指因被告人羁押场所特殊、法制宣传等原因的需要，开庭地点临时选择在法院以外的看守所、监狱、体育场、厂矿、机关、社区、农村等没有固定羁押场所，没有专门法庭，甚至是在室外，不安全因素较多的环境下的各种程序开庭和宣判（图6-11、图6-12）。

图6-11 特殊开庭现场一

图6-12 特殊开庭现场二

特殊庭审押解在组织实施时应注意做到以下几点：

1. 根据任务提前联系刑事审判庭，了解庭审时间、地点、基本案情、社会影响等情况，进一步掌握可能影响诉讼活动安全的因素，并进行警务保障风险评估。

2. 司法警察部门在警务准备时应当着重了解场地条件，必要时进行实地勘查，确定临时羁押方式和场所、厕所地点和环境、被告人进出路线、警戒人员位置等，必要时联系当地公安机关或保卫机构予以配合。

3. 根据勘查情况，预判可能发生的突发情况并研究相应处置措施，制定警务保障方案。属于偏远民族地区以及群众诉讼不便地区的，应当了解当地风俗习惯、社情民意等，有针对性地部署警务保障工作；对旁听人员众多或者社会影响较大的案件，应当建议案件承办部门与当地公安机关和基层组织沟通，提前做好应急预案并召开任务分配会。

4. 临时羁押场所的选择：①临时羁押场所应选择靠近开庭地点的房间，房间选择时尽量清理掉室内杂物。②如在室外开庭，没有可用于临时羁押的房间，可将囚车作为临时羁押场所。

5. 临时法庭在设置上应结合开庭地点的具体环境，慎重选择：

（1）临时法庭应根据现场勘查情况选择司法警察容易控制的房间，值庭和警戒法警处于旁听人群和被告人之间，形成相对分离的环境（图6-13）。

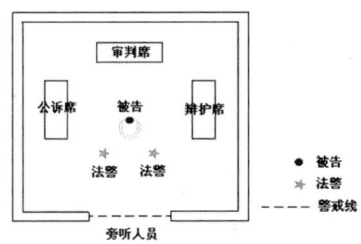

图6-13　临时法庭设置一

（2）如在室外开庭，应根据勘查情况，建议审判员将开庭地点设立在背靠墙壁的地方，将囚车停在开庭地点旁边合适位置，与墙壁形成夹角，囚车门朝向墙壁，值庭和警戒司法警察四角控制，形成相对封闭的审判区（图6-14）。

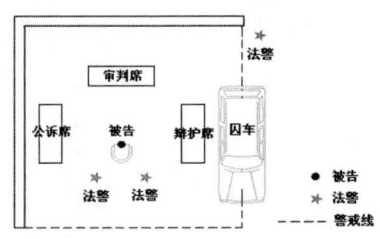

图6-14　临时法庭设置二

（3）室外开庭，如没有可以依靠的墙壁，则应将囚车停在便于启动的位置，以囚车侧面为依靠设置审判席，值庭和警戒法警成四角控制，形成相对封闭的审判区（图6-15）。

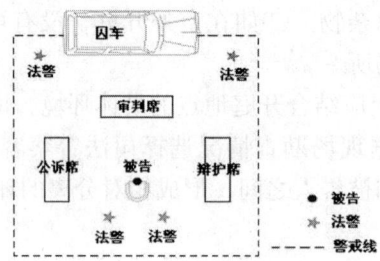

图 6-15　临时法庭设置三

人群密度大时，可在加强警戒的前提下，以警戒带形成审判区，以人群做围墙，出口留向囚车位置。

三、大型审判活动押解

大型审判活动泛指被告人数多、社会影响面大、旁听群众多、家属情绪不稳定、冲闹法庭事件发生概率大、有新闻媒体参加的各种程序开庭及宣判。一般包括在法院内进行的大型公开庭审和在法院以外进行的集中宣判两种形式（图 6-16、图 6-17）。

图 6-16　大型审判活动现场一　　　图 6-17　大型审判活动现场二

目前，人民法院对社会和谐稳定影响较大，对提高人民群众法治意识、维护社会主义法治秩序和弘扬社会主义道德风尚有重要作用的部分刑事案件会采用集中宣判的方式，即在法院以外公开进行审理宣判的一种特殊开庭形式。其目的在于发挥以案施教、法制宣传的社会功能，凸显司法为民、司法效益的价值追求。此种刑事审判活动往往社会影响面大、突发情况多、现场形势不好掌控，给参加押解工作的司法警察提出了较高的挑战和要求。大型审判活动押解也是庭审押解的一种，是目前经常采用的、工作量最大的一种押解。

（一）大型审判活动开庭准备

1. 审判前应对审判场所的周围环境、押解对象的羁押处所、押解对象站立位置、车辆进出路线等做到心中有数。

2. 根据任务提前制定行动预案、处突预案，召开任务分配会，要求职责明确，责任到人，位置到点，联系畅通。

3. 根据押解对象确立押解警力；按押解对象人数进行人员分工、做到定人定位；设立安检、协调、警戒、巡庭、押解、后勤保障6个基本岗位并指定负责人，按审判活动的要求排列入场、退场次序。

4. 根据预案和分工，在押解车即将进入法院时，负责协调的司法警察应先行清理停车场和通道，打开羁押场所门锁，保证车辆及人员顺利抵达法院，进入羁押场所。

5. 负责押解和警戒工作的司法警察将被告人带入临时羁押场所后，负责安检、警戒、协调、巡庭工作的司法警察应先于旁听人员进入预定位置，按照动作要领跨立。

6. 负责安检的司法警察开始查验旁听证，依照安检规则开始安检，让旁听人员进入旁听席。

7. 负责协调的司法警察根据法官指令，通知庭外候审的被告人到庭。

（二）押解被告人进入法庭或宣判场所的动作要领

司法警察押解被告人进入法庭开庭时，如果是对多名被告人同时进行审判，一般由2名司法警察押解1名被告人，司法警察应分别处于被告人侧后方，一手控制被告人臂肘部，到达位置后，司法警察根据审判长或者独任审判员的指令打开被告人手铐，而后行进至被告人后方位置，在被告人侧后方立正，跨立（图6-18）。

图6-18　司法警察押解多名被告人进入法庭动作要领

如是1名被告人开庭，则司法警察遵循前述日常庭审押解打开戒具的规定动作。起诉书宣读完毕后，根据预案，司法警察立正，后退坐下，上身挺直，双手放于膝上（图6-19）。

图6-19　2名司法警察押解1名被告人进入法庭

（三）宣判准备

1. 司法警察押解被告人进入法庭宣判时，2名司法警察分别控制被告人两臂肘部，到达位置后，全体统一面向审判席，司法警察两腿成跨立姿势，一手控制被告人肘部，一手贴于裤缝（图6-20）。

图6-20　司法警察押解被告人听候宣判

2. 对于重刑犯，可采用一手控制肘部，一手按压肩部的姿势，此时司法警察里侧脚向前，外侧脚在后（图6-21）。重刑犯应由2人~3人押解。

图 6-21 重刑犯押解动作

（四）进行宣判

1. 在对所押被告人宣布判决时，听到被告人姓名的同时，采用单手控制的司法警察，外侧脚上前一步的同时将被告人向前推出一步，完毕后后退至原位（图 6-22）。

2. 采用双手控制的司法警察，外侧脚上前一步的同时将被告人向前推出一步（图 6-23），完毕后后退至原位。

图 6-22　宣判时单手控制被告人动作　　图 6-23　宣判时双手控制被告人动作

（五）审理或宣判结束

当听到法官庭审结束的指令后：

1. 处于被告人后侧的司法警察立刻起身上前按照戴手铐的步骤为被告人戴上手铐，负责看管被告人。

2. 在旁听席通往审判席进出口的警戒司法警察立刻起立转身面向旁听席跨立，防止发生意外。

3. 巡庭司法警察引导旁听人员离开，待旁听人员全部离开法庭后，法庭进出口的警戒司法警察关闭法庭大门。

4. 法庭大门关闭后，被告人左侧司法警察控制被告人肘部，右侧司法警察打开固定座椅门栏，准备让被告人在庭审笔录上签字。

5. 签字时，被告人左侧司法警察动作不变，右侧司法警察，左手控制被告人右臂肘部，右手抓握被告人右手腕。

由于大型审判活动规模大、参加人数多，担任押解任务的司法警察的形象直接代表着人民法院的形象，所以要时刻注意自己的言行举止、时刻保持高度警惕。还要和值庭、警卫人员紧密配合，随时准备应付处置各种意外的发生，当发生突发事件时，担任押解任务的司法警察不可脱离押解岗位，应以牢固控制押解对象为首要任务。

思考题

1. 庭审押解有哪些类型？
2. 庭审押解中司法警察应履行哪些职责？
3. 法庭上对被告人应如何使用警械具？
4. 法庭上执行庭审押解任务的司法警察在动作要领方面有哪些特别的要求？
5. 司法警察如何对正在接受审判的被告人进行有效监控？
6. 大型审判活动押解在开庭前应做好哪些准备工作？
7. 大型审判活动押解应如何组织实施？

第二节 庭审押解实务技能训练

一、庭审押解实务技能训练的要求和目的

（一）庭审押解实务技能训练的要求

庭审押解实务技能训练其实就是整个庭审押解警务任务的操作过程的浓缩版，其中包含了庭审押解警务任务所有重要的工作任务。包括庭审押解前的准备工作、进入法庭动作要领、戒具的使用、庭审控制、押解姿势、带离法庭动作要领，故而庭审押解实务技能训练的要求很高，综合起来主要有：动作规范、整齐划一、精神昂扬、作风优良，能全面体现司法警察的综合素质。

（二）庭审押解实务技能训练的目的

庭审押解实务技能训练是本课程中实务操作考核其中一个最为重要的内容，

要求各位学员认真、熟练地掌握庭审押解整个过程各个步骤的操作方法。庭审押解实务技能训练的目的，一是掌握人民法院司法警察庭审押解的技能和要求，实现庭审押解动作的规范化；二是提高庭审押解的操作能力，提升人民法院司法警察庭审押解工作的安全性。

二、训练前的准备

（一）人员、器械准备

将参加实训的学生分组，4人一组，每组同学自行分工，明确各自的职责和具体工作内容。其中3人模拟司法警察（着警服），1人模拟被告人（着便服）。这种分组方式可模拟2名司法警察押解1名被告人或者3名司法警察押解1名被告人情况下的庭审押解。准备相关警用器械，如手铐、脚镣、通信器材等，提前熟悉掌握司法警察在庭审押解中应遵守的纪律和行为规范。

（二）动作准备

练习二对一庭审押解时，2人模拟司法警察，1人模拟被告人（着便服）。2名司法警察各自位于被告人侧后方，司法警察与被告人呈"品"字形站位。练习三对一庭审押解时，3人模拟司法警察，1人模拟被告人（着便服）。其中2名司法警察各自位于被告人侧后方，第三名司法警察位于被告人正后方，3名司法警察与被告人呈"◇"形站位。此时被告人已经佩戴好手铐，位于被告人右侧的司法警察持有手铐钥匙1把，准备执行庭审押解任务中的解铐、上铐等工作任务；另一名位于被告人左侧的司法警察配合做好固定囚笼、束缚椅，负责警戒各类突发情况等庭审押解警务任务。

（三）口令准备

庭审押解实务技能训练的口令有5个，分别是："传被告人××到庭""请司法警察打开被告人戒具""下面进行法庭调查""下面进行宣判""现在宣布休庭，将被告人××带离法庭"。上述口令，在法庭审判过程中都是由审判长或独任审判员负责下达，相关的具体庭审押解工作由司法警察执行。进行主体操作的司法警察是位于被告人右侧的司法警察，位于被告左侧位的司法警察的主要任务是配合，模拟被告人的学员不计考核分。各位学员都要到位于被告人右侧位置上练习解铐、上铐等工作任务的操作。

三、庭审押解实务技能训练内容

按照人民法院刑事审判庭审理被告人的程序（即《刑事诉讼法》的相关规定），在法庭审理阶段，人民法院司法警察在刑事案件开庭审理过程中有诸多任务，按照前后顺序，依次是：传被告人××到庭、将被告人戒具打开、法庭调查时负责对被告人的监控和管理、宣判时对被告人进行警戒、庭审（宣判）结束后将被告人带离法庭。担任庭审押解任务的司法警察在执行上述工作任务时，都在审判长或独任审判员的指令或命令下执行。对此，结合司法警察的工作，将庭审押解实务技能训练划分为以下几项内容：

（一）传带被告人到庭环节训练

1. 传带被告人到庭环节的主要训练内容。当听到"传被告人××到庭"的口令时，司法警察应当采用"品"形或"◇"形的押解步伐，从被告人专用通道以齐步走的姿势将被告人押至囚笼（或束缚椅）边后立定，由位于被告人右侧的司法警察打开囚笼门（或束缚椅板），与另一侧的司法警察（即位于被告人左侧的司法警察）共同将被告人安置入囚笼（或束缚椅）内，由位于被告人右侧的那位司法警察负责关上囚笼门（或束缚椅板），并锁上囚笼门（或束缚椅板）的保险或插销后，与另一侧的司法警察面向审判席同时取立正姿势（或跨立姿势）立于被告人侧后囚笼（或束缚椅）边（与被告人的距离应在一手臂的距离，以便迅速反应及时控制被告人）。

2. 传带被告人到庭环节应当着重训练的动作。

（1）司法警察要采用标准的齐步走步伐，采用二对一押解方式，司法警察与被告人之间要形成标准的"品"形，以体现司法警察基本的警体素质。

（2）司法警察应当按规定着装，保持警容严整，举止端庄，表现出昂扬的精神面貌。

（3）负责庭审押解的司法警察动作应当协同一致，特别是在取跨立或立正姿势于囚笼（或束缚椅）边时，几名司法警察的动作应当保持同步并协调一致。

（二）戒具使用环节训练

1. 戒具使用环节的主要训练内容。当听到"请司法警察打开被告人戒具"的口令时，位于被告人右侧的司法警察应按照解铐的操作程序迅速解开被告人所戴的手铐，并将手铐和钥匙妥善保管（一般应将手铐钥匙放置入手铐盒内，特别要注意对手铐钥匙的保管）。位于被告人左侧的司法警察始终按压控制被告人肩部，保持警戒之意，防范其不法行为。待解铐的司法警察将手铐放入手铐盒内后，2名司法警察同时取立正姿势并侧向旁听席跨一步，取立正（或跨立）姿势站于囚笼（或束缚椅）的侧后方（与被告人的距离应当保持在一手臂的距离，以便司法警察及时控制被告人的不法行为）。

2. 戒具使用环节应当着重训练的动作。

（1）技能的训练，应以押解司法警察规范性、协同性为重点，即押解司法警察上前一步、侧向跨一步、取跨立姿势等都应当采用规范化的警体动作，不得有随意的小动作出现，以免影响司法警察的整体形象。

(2) 解铐动作是否规范、安全和迅速，是体现司法警察基本业务素质最具体的表现。解铐动作是否规范，关系到司法警察形象、素质及警务安全，需要司法警察平时强化对解铐动作训练。

（三）庭审押解姿势训练

1. 庭审押解姿势的主要训练内容。司法警察应当根据不同情况采用站姿或者坐姿。公诉人起诉书宣读完毕以前和法庭宣判时，司法警察应采取站姿，站立于被告人侧后方，一手抓住其肘部，另一手自然下垂，两脚跟靠拢并齐，双腿挺直，自然挺胸。

当听到"下面进行法庭调查"的口令时，负责庭审押解的司法警察同时后退至事先安排好的椅子边，稍停顿，同时在椅子上坐下，取坐姿。标准坐姿应为上身挺直，双脚分开与肩同宽，双臂放于大腿或者椅子扶手上，双眼都要平视前方，眼睛余光随时监视被告人的动态。此环节的要点在于2名司法警察在做动作取坐姿时，要保持动作整齐划一，坐下时不允许转身观察座椅的位置。

3名司法警察押解重大案件被告人时，应始终采用站姿。其中，2名司法警察分别位于被告人两侧后，一手抓住其肘部，另一手自然下垂；另一名司法警察在被告人身后，保持跨立姿势。

2. 庭审押解姿势环节应当着重训练的动作。这一环节的训练，应当着重训练的动作就是站立姿势、后退步伐、取坐姿的动作及分脚动作都要求协同一致，以体现司法警察协同作战的基本素质，从而提升法庭的威严感。

（四）庭审控制环节训练

1. 庭审控制环节的主要训练内容。当听到"下面进行宣判"的口令时，取坐姿位于座椅上的2名司法警察应立即起立，双脚并拢呈立正姿势，同时上步至囚笼（或束缚椅）边，位于被告人左侧的司法警察出右脚顶住囚笼（或束缚椅）的底座，右手按住被告人的左侧肩膀，左手抓住被告人左手肘部，双眼盯住被告人，保持对被告人警戒的姿势，防范并警惕被告人的不法动作。与此同时，位于被告人右侧的司法警察出左脚，顶住囚笼（或束缚椅）的边缘，左手按住被告人右侧肩膀，右手抓住被告人右手的肘部，双眼盯住被告人，对被告人进行警戒，防范并警惕被告人的不法动作。

2. 庭审控制环节应当着重训练的动作。这一环节的训练，应当着重训练的动作有：起立与坐下，向前一步或三步走，控制被告人肩部与肘部，努力保持各项动作的同步性，以体现司法警察警体素质和规范化执行警务任务的能力。

（五）将被告人带离法庭环节训练

1. 将被告人带离法庭环节主要训练内容。当听到"现在宣布休庭，将被告人××带离法庭"的口令时，位于被告人左侧的司法警察维持右手按压被告人左侧肩膀，左手抓住被告人左手肘部的姿势不变。与此同时，位于被告人右侧的司法警察上前一步，从手铐盒中取出手铐，按照前述佩戴手铐的步骤，给被告人戴上手铐。随后，被告人右侧司法警察打开囚笼门（束缚椅板）并迅速站立于被告人侧后方，用左手抓住被告人的右侧肩膀，右手抓住被告人的右手手肘，控制住被告人。2 名（或 3 名）司法警察共同将被告人带出囚笼（束缚椅）后，于适当位置组织"品"形或"◇"形，并按徒步押解被告人的姿势将被告人押出法庭至羁押室内。

2. 将被告人带离法庭环节应当着重训练的动作。

（1）司法警察"前铐上铐"和"解铐"方法。

（2）对被告人的监管和控制。在没有设置被告人专用通道的人民法院，将被告人带出法庭这一环节情况比较复杂，有时旁听席上的被告人家属会借机与被告人告别或传递物品，法庭外的无关人员也有机会接触到被告人，司法警察必须加强对被告人的监管和控制。在将被告人带离法庭还押回羁押室这个过程要迅速快捷，动作规范，震慑力强，因此该动作应作为训练重点。

（3）司法警察精神面貌情况，一定要在本环节中集中得以体现。

四、庭审押解实务技能训练的练习

按照庭审押解实务技能训练的五项内容进行分解练习，再进行庭审押解实务技能训练的综合训练。按照口令分解成 5 个环节，对这 5 个环节进行分解训练，待 5 个环节都训练成熟后，再将这 5 个环节组合在一起进行综合训练，直至熟练掌握各个动作要领，不发生任何错误为止。一般来讲，每位学员都要到位于被告人右侧位置上进行主操作，各训练小组的每位成员都要在各个位置上体验并进行操作，以领会庭审押解的动作要领。练习 5 遍~10 遍以上，以取得较为熟练的效果。

第三节 庭审押解的情况处置

庭审押解的情况处置教学课件

一、庭审押解中的情况处置的概念与原则

（一）庭审押解中的情况处置的概念

根据《预防和处置突发事件规则》第2条的规定，人民法院的突发事件是指突然发生，造成或者可能造成人员伤亡、财产损失，损害司法权威，妨碍审判执行活动，危及法院安全，需要司法警察采取应急处置措施予以应对的紧急情况。

庭审押解中的情况处置，是指人民法院司法警察对在开庭审理或宣判过程中突然发生的、造成或者可能造成人员伤亡、财产损失，各种损害司法权威、妨碍审判活动正常进行的突发事件所采取的一系列处理措施和程序的统称。庭审押解中的情况处置的常见类型包括：被告人家属亲友要求会见或递送食品、衣物情况的处置；被告人在庭审过程中患病或突发疾病情况的处置；被告人在庭审过程中提出上厕所要求情况的处置；被告人不服从押解司法警察管理情况的处置；被告人在庭审过程中伺机脱逃情况的处置；被告人在庭审过程中行凶、自杀、自伤情况的处置；押解司法警察在庭审过程中遇到暴力袭击、抢夺司法警察武器警械或者劫持被告人情况的处置等。庭审押解中的情况处置不单单是押解司法警察一方的职责，往往需要庭审过程中其他岗位司法警察的配合协助以及人民法院司法警察部门的组织协调，因为情况的发生比较紧急突然，处置过程中采取的措施具有临时性，允许处置人员在个别处置行为的程序上进行事后补正。

（二）庭审押解中情况处置的原则

1. 坚持统一领导与分工负责的原则。根据《预防和处置突发事件规则》第3条的规定，司法警察预防和处置突发事件应当建立统一领导、分工负责、密切协同、共同应对的工作机制，以确保预警响应、人员物资调配、事件处置等环节能够紧密衔接，从而快速、及时、有效地控制和处置突发事件。

人民法院发生突发事件时，司法警察部门应当按照相关规定，及时向分管司法警务工作的院领导和上级法院司法警察部门报告。司法警察部门应当在反恐安保领导小组的领导下，加强与业务庭（局）和公安机关、应急管理、医疗卫生等相关部门的沟通协调，建立应急联防联动工作机制，发挥各自职能作用，共同应对突发事件。

2. 坚持预防为主与依法依规的原则。实践证明，庭审押解过程中突发事件的发生往往是由于对潜在的隐患没有及时发现、排除所导致。因此，司法警察部门应当建立重大敏感案件风险评估机制，对业务庭（局）通报的案件，提前做好突发事件研判和预防工作。从消除庭审押解中突发事件隐患做起，思想教育工作要抓实，做到明察秋毫，积极做好预防工作，变被动为主动，防患于未然。通过有效的应急管理机制，减少和防止人为的不安全行为和物的不安全状态，尽可能防止发生人身伤害、设备或设施损坏，防止事故发生。

处置庭审押解突发情况过程中应严格按照国家法律、条例及有关规定，这是司法警察有效处置突发情况的核心原则。要针对各种情况中的不同对象、矛盾的不同性质、问题出现的不同场合、可能产生的不同后果，慎重采取不同的处置方法，做到处置得有理、有据、有利，尤其在使用武器、警械具和采取强制措施时，更要严格按照有关法律规定执行。

3. 坚持以人为本与快速反应的原则。司法警察在执行押解任务中采取的各项措施和手段，均是以保障押解对象、审判参与人员、旁听人员的生命财产安全为基点。生命价值高于一切，以人为本的原则意味着，不论法庭上出现何种突发情况，司法警察首先应考虑是否涉及现场人员的人身安全，处置时也应最大限度地避免和减少因突发事件而造成的人员伤亡和财产损失。

快速反应原则要求司法警察在处置突发事件时能迅速控制局面，防止事态扩大，采取一切有效措施和手段控制事态，依法迅速处置突发事件。

4. 坚持宣传疏导与武力威慑相结合原则。法庭上影响突发事件的因素复杂，突发情况的类型及诱因多种多样。在处置庭审押解突发情况的过程中要特别注意讲究策略，在不激化矛盾的前提下，根据实际需要采取灵活多变的方法，既要发挥警力优势，快速处置，又要利用其他有利因素，有效解决。做到宽严适当、刚柔并举，充分显示出审判工作的神圣及人民法院司法警察队伍的威严。

二、庭审押解中的情况处置的前期准备工作

（一）警力配备与任务分工

司法警察部门应当安排警力组成应急分队并指定负责人，保持备勤状态，并按照应急处置预案，做好处置突发事件的各项准备工作。根据突发事件类别、性质以及应急处置预案，应急分队进行分工。处置大规模突发事件，参与单位和警力较多时，为便于协调和完成任务，应急分队可以下设执勤组、机动组、保障组等，并明确负责人。

1. 执勤组。突发事件发生时，担负执勤任务的司法警察应及时报告应急分队或者司法警察部门负责人，对突发事件区域和重要目标、重点岗位加强安全警戒，防止遭受冲击，并采取拍照、录音、录像等手段搜集、保存证据。遇有紧急情况时，对相关人员采取处置措施，或者根据指令采取强制措施。

2. 机动组。在指定区域集结待命，根据应急分队或者司法警察部门负责人的指令，随时增援处置行动。

3. 保障组。负责与其他相关部门联络，协调装备、器材、车辆、物资等，做好各类保障工作。

（二）装备配备

1. 车辆配备。在突发情况处置时应当配备警务指挥车、囚车等车辆。

2. 装备配备。处置庭审突发情况的司法警察应当配备警棍、手铐、警绳、盾牌、头盔、防割手套、防刺服、防弹衣、防火服等警用装备。

3. 通讯配备。应当配备电话、对讲机等相关通讯设备。

4. 武器配备。面对人身危险性较大的押解对象或大型公开庭审等情况时，司法警察应当配备武器。

三、庭审押解中的情况处置的具体措施

（一）被告人家属亲友要求会见或递送食品、衣物情况的处置

庭审押解途中遇到被告人家属、亲友要求会见或递送食品、衣物等情形，负责押解的司法警察应先将被告人与其家属、亲友隔离开来，做好警戒防范工作，同时应向其家属、亲友讲明政策，进行规劝，告知被告人亲属，按照规定不允许会见被告人以及递送食品、钱物、传递口信等；告知被告人亲属可以将有关物品送至看守所或者其他监管机构后转交给被告人；注意告知用语应文明，不得训斥被告人亲属。如发现家属、亲友强行要求会见和递送食品、衣物，阻挠前进时，应提出警告，将被告人从专用押解通道迅速带离法庭，或者利用警力优势将被告人的家属、亲友尽量劝阻制止，使其不能接触到被告人。

（二）被告人在庭审过程中患病或突发疾病情况的处置

法院开庭审理过程中被告人突发疾病情况，主要是接受审判时心情紧张或者受到刺激而产生原发性疾病，如：心脏病、高血压、急性脑出血等疾病；而审判前已患疾病的被告人既有可能患有艾滋病、肺病、肝病、皮肤病等传染病，也可能患有感冒、发烧、腹泻等一般性的常见病。如何有效应对并采取安全有效的措施进行妥善处置，是庭审押解工作的一项重要任务。

遇有被告人在庭审中突发疾病的情形，司法警察应当立即将相关情况报告司法警察部门负责人和案件承办人，可以在对被告人进行有效控制的前提下，根据现场具体情况采取必要的救护措施或者送医。在医院救治期间，注意加强对被告人的看管。

1. 被告人患有重大传染疾病的，庭审时司法警察采取将被告人单独隔离，并保持有效安全距离、事前佩戴口罩、手套及为防止意外准备药品等方式确保安全，如发病即对其进行简单施救，事后对患病被告人所接触的物品及场所进行必要的消毒，以此最大限度保证自身及被告人押解途中的安全。

2. 被告人患有一般性疾病，在庭审过程中如遇身体不适，可以请示负责押解的司法警察是否可以吃药（如感冒、退烧药），若同意其吃药，审判长则宣布

休庭。

3. 被告人患有突发性疾病时，在庭审过程中突然发病且病情较为危急，押解司法警察可在采取简单的救护措施后拨打"120"或者直接拨打"120"急救电话求助。在被告人住院期间，负责押解的司法警察24小时轮班陪护、看守，有异常情况立即通知医护人员并向法警队领导汇报。同时启动与公安机关联动机制，与当地公安做好协调，确保能够及时处置住院期间出现的各种突发情况。被告人的病情稳定以后，主治医生建议出院，由负责押解的司法警察将其安全还押至看守所。

（三）被告人在庭审过程中提出上厕所要求情况的处置

由于庭审押解是一个动态的过程，不确定因素多，各个法院监控及安全防范措施疏密程度不一，一些被告人往往会选择开庭期间借机脱逃。从近年来发生的庭审过程中被告人脱逃的案件来看，被告人以上厕所为借口，伺机脱逃所占的比例较大，需要引起庭审押解司法警察的重视。庭审过程中如遇被告人需要上厕所时，押解司法警察应先检查厕所，严禁被告人在使用厕所时关闭厕所门。被告人进入厕所后，司法警察应一脚在门里、一脚在门外，用手和脚的抵力，形成半开门，以便监视和控制。

（四）被告人不服从押解司法警察管理情况的处置

庭审押解中遇到被告人不服从司法警察管理的，可采取警告、训诫或其他有效措施强制其服从管理；被告人谩骂、污辱押解司法警察的，可对其使用警械具强行制止；遇有被告人企图袭警的，司法警察应当迅速将其制服，收缴其凶器及其他危险物品，同时加强现场警戒，严密看管其他被告人，防止其借机脱逃或行凶，必要时可依法使用警械具或者武器。

（五）被告人在庭审过程中伺机脱逃情况的处置

1. 遇有被告人企图打开戒具脱逃的情形，司法警察应当迅速将其控制，检查被告人戒具是否安全，同时严密看管其他被告人。必要时，可以依法使用警械具或者武器。

2. 对正在实施脱逃行为的被告人，司法警察应当立即阻止，严密看管其他被告人。采取各种手段措施，全力组织抓捕，同时及时控制现场和重点区域，关闭通道。报告司法警察部门负责人，请求支援。视情况报公安机关请求协助。

3. 对已经脱逃的被告人，司法警察应当迅速组织追捕，立即报司法警察部门负责人和公安机关。配合公安机关及时封锁相关区域和交通要道，根据需要配合追捕。庭审押解中遇有被告人企图脱逃的，司法警察要迅速采取强制措施将其制服，并对其严加看管。在采取其他措施不能制止的情况下，可鸣枪警告，仍不能制止的，可依法使用武器。对已经脱逃的被告人，应当立即组织司法警察展开追捕并向公安机关报警。

（六）被告人在庭审过程中自杀、自伤情况的处置

1. 遇有被告人自杀、自伤的情形，司法警察应当迅速将其控制，收缴其持有的凶器或者其他物品；对已经发生伤害后果的，迅速采取相应救护措施，必要时经院领导批准送医院救治。送医期间，司法警察应当对被告人严密看管，防止无关人员接近被告人，防止其再次自杀、自伤或者脱逃。

2. 遇有其他人员以自杀、自伤行为威胁法院工作人员的情形，司法警察应当迅速将其控制，收缴其持有的凶器或者其他物品，协助开展说服教育工作。对已经发生伤害后果的，迅速采取相应救护措施，必要时经院领导批准送医院救治，可以视情节移送公安机关。

（七）押解司法警察在庭审过程中遇到暴力类突发情况的处置

1. 遇有暴力袭击、抢夺司法警察武器警械或者劫持被告人的情形，司法警察可以依法使用警械具或者武器予以制服；控制现场后，设置警戒区，加强警戒，报司法警察部门负责人和公安机关，严密监控被告人。

2. 遇有持枪支、刀具等行凶、挟持人质、企图实施犯罪行为的情形，司法警察应当立即警告，视情况采取措施予以控制；对不能控制的情况，设置警戒区，进行警告、法律宣传等，稳定其情绪，全力保护人质和他人安全，防止事态恶化，报司法警察部门负责人和公安机关，等待增援。如有人员受伤，根据情况开展救护或者送医救治。

3. 遇有暴力抗法的情形，司法警察应当及时制止，采取措施控制现场以及相关人员，报司法警察部门负责人和公安机关，请求支援，注意保护法院工作人员安全。

思考题

1. 庭审押解中情况处置的原则是什么？
2. 庭审押解中情况处置的前期准备工作有哪些？
3. 被告人在庭审过程中患病或突发疾病，押解司法警察应当如何妥善处理？
4. 押解司法警察在庭审过程中遇到被告人不服从管理的情况应如何处置？

第七章 还 押

学习目标

通过本章的学习,明确还押的组织实施,掌握还押的情况处置。

学习重点

还押前与执行看管司法警察的交接,还押途中的押解,还押手续的办理,还押后的后续工作,还押的情况处置。

【本章引例】

某中级人民法院司法警察支队接到一项还押任务,于20××年12月6日下午4∶30,将在本院羁押室看管的已宣判完毕的张××等18名涉黑案件的被告人还押至某市看守所,并取回18张提押票,以结束本次押解任务。

经法院审理查明:2009年至2016年,烟台市人张××陆续发展成员,逐渐形成以其为首,以谭××、隋××、王××、姜××等为骨干成员的黑社会性质组织。张××等有组织地实施敲诈勒索、收取保护费、强索债务、强占强用等违法犯罪活动以及通过承包海区、承揽工程等手段,获取经济利益,并将部分获利用于购买车辆、枪支、砍刀等作案工具以及支付组织成员的生活费用、作案后的逃匿费用等,以支持该组织的活动。该组织采用暴力、威胁或者其他手段,大肆进行违法犯罪活动,为非作恶,称霸一方。

1号被告人张××,男,1966年7月出生,山东省牟平人,汉族,农民,犯组织、领导黑社会性质组织罪、故意伤害罪、敲诈勒索罪、非法持有枪支罪、盗窃罪、寻衅滋事罪、非法拘禁罪、非法持有毒品罪,数罪并罚,判处死刑,剥夺政治权利终身,并处罚金9000元。

2号被告人谭××,男,1971年10月出生,汉族,农民,犯组织、领导黑社会性质组织罪、故意伤害罪、敲诈勒索罪、非法持有枪支罪、盗窃罪、寻衅滋事罪,被依法判处死刑缓期二年执行,剥夺政治权利终身。

3号被告人至18号被告人分别被判处20年至13年不等有期徒刑。

请思考:

1. 针对本次还押任务,重点监控的环节有哪些?
2. 如何办理还押的手续?

第一节 还押的组织实施

还押的组织实施教学课件

还押是被告人在开庭审理完毕或宣判完毕后由司法警察强制性地控制其重新返还至看守所或者其他监管机构，保障审判活动安全有序进行的职务行为。

司法警察的还押是与提押程序相反的警务保障活动。还押作为押解的最后一环，由于审判程序或宣判活动结束后，被告人的开庭审理已经结束或刑罚已经确定，庭审或判决的情况可能会引起被告人的心理波动，甚至会有一些过激反应，特别是部分司法警察可能产生麻痹大意的思想，所以要求执行还押任务的司法警察保持高度负责的职业精神，安全地把被告人还押至看守所或者其他监管机构。

还押的组织实施，按照工作程序分为还押前与执行看管司法警察的交接、还押途中的押解、与看守所民警的交接、还押手续的办理，以及还押后的后续工作几个阶段。

一、还押前与执行看管任务司法警察的交接

（一）还押前与执行看管任务司法警察交接的内容

在法庭审理或宣判完毕后，执行庭审押解任务的司法警察根据审判长或者独任审判员下达"将被告人带离法庭"的指令后，司法警察应当对被告人使用戒具并将其带离审判法庭。将被告人从审判法庭押回羁押场所，执行庭审押解任务的司法警察应当与在羁押场所内执行看管任务的司法警察进行交接，办理好交接手续并进行登记。交接完毕后由等候执行还押任务的司法警察完成对被告人的还押工作。执行还押任务的司法警察在将被告人押出羁押室之前，应与执行看管任务的司法警察履行交接手续，交接的内容包括：

1. 告知被告人的人数，特别注意同案犯的情况；
2. 告知被告人的姓名、年龄、案由及羁押地，避免还押地点的错误；
3. 对被告人进行安全检查，同时对警械具进行检查；
4. 告知被告人的风险评估情况和在审判法庭上有无反常的情况、表现和行为等。

交接完毕后，负责还押的司法警察将被告人押上专用囚车。

（二）还押前与执行看管任务司法警察交接的注意事项

1. 在司法实务中，因法院（特别是基层人民法院）限于司法警察警力的紧张，无论是执行提押、看管、庭审押解、值庭的司法警察，还是执行还押任务的司法警察，都是由同一批司法警察担任，故在履行交接手续及填写交接内容时应严格按照《执法细则》的规定，清点被告人数量、核对身份、了解基本情况，逐一登记被告人姓名、案由及押出羁押场所的时间等，并由执行还押、看管任务的司法警察分别签名确认。

2. 在交接过程中，无论是执行庭审押解任务还是看管任务、还押任务的司法警察均应严格遵守羁押场所的管理规定，相互之间不得询问或者谈论案情，不得谈论国家秘密和审判工作秘密，从而影响被告人的情绪。

3. 被告人已经经过审判程序或经过宣判程序，法院案件审理已经完毕或判决的内容已经明确，被告人已经知道自己的案件审理或判决情况，如果因案件审理或判决结果与自己的预期不相吻合，极有可能出现情绪波动或意外情况。因此在交接过程中，要特别关注被告人，防止过激行为的发生。

二、还押途中的押解

还押途中的押解教学课件

在司法实务中，还押途中的押解和提押一样，一般采用乘车押解的方式。为了确保安全地把被告人还押至看守所或者其他监管机构，执行还押任务的司法警察应严格执行乘车押解的规范要求，特别注意重点监控的环节。为了实现对被告人与看守所或者其他监管机构的安全交接，在执行还押任务前司法警察应当与看守所或者其他监管机构提前联系。

（一）还押途中押解的规范要求

1. 司法警察应当对被告人实行贴身押解，全程严密监控被告人。

2. 同案被告人、成年被告人和未成年被告人、男性被告人和女性被告人，以及其他不宜同车乘坐的被告人，应分车押解。

3. 重大案件被告人，可能发生自伤、自杀、行凶、脱逃和其他危险行为的，保证一人一车。

4. 囚车内不得搭载与押解工作无关的人员及物品。

5. 押解残疾、行动不便的被告人，可以根据需要使用辅助设备、器械。

6. 将被告人押上囚车后，应当再次清点人数、核对身份、检查械具使用情况及囚车车门、窗是否锁牢，并告知其应遵守的有关规定。

7. 被告人上（下）囚车时，司法警察应当分别抓住被告人肘部，一名司法警察先上（下）囚车另一名司法警察后上（下）囚车，同时加强警戒，防止被告人自伤、自杀、行凶和脱逃等情况发生。

8. 押解途中应当按照规定正确使用警灯、警报器，文明、规范用语。

9. 囚车到达后，应当停放于专用停车位置或者封闭的专用车库。

（二）还押途中重点监控的环节

在将被告人押回看守所或者其他监管机构时应观察被告人的表情变化。被告人在开庭时看到亲戚或朋友时心理会产生变化，或案件审理情况、宣判结果跟他预期的不吻合时，也可能引起情绪和心理的波动。要控制上车、下车、停车、开车四个环节，关好车窗，控制车门，防止被告人跳车、用手铐撞击车玻璃和攻击其他押解对象等过激行为发生。

（三）提前与看守所或者其他监管机构联系沟通

目前，法院一般距离看守所或者其他监管机构较远，人民法院审理案件或宣判结束时间具有不确定性，有时因案件复杂造成法院审理时间延长，加上还押被告人的大多数时间段又是市民下班高峰期，造成司法警察到达看守所或者其他监管机构还押时可能已到或已经超过正常下班时间，所以在执行还押前提前与看守所或者其他监管机构联系，做到到达看守所或者其他监管机构时能及时办理交接和办理还押手续。

三、与看守所或者其他监管机构的交接

司法警察将被告人押回看守所或者其他监管机构时，应立即将被告人带下囚车。执行还押任务的司法警察再次核对被告人的身份、人数，核对完毕后，由带队司法警察领导或负责还押的负责人与看守所或者其他监管机构干警联系，进行交接。

（一）交接的规范要求

1. 交接时要核对被告人的身份、人数、被告人的身体状况；

2. 对于有多名被告人的交接工作，要按照顺序，对被告人逐个进行交接；

3. 交接时，负责还押的司法警察要控制好被告人，配合看守所或者其他监管机构干警做好被告人还押前的安全检查工作，以防范被告人带入违禁物品；

4. 交接时要解除被告人所佩戴的属于法院的警械具，换上看守所或者其他

监管机构的警械具;

5. 交接时,应注重司法警察礼仪,不得催促看守所民警或其他羁押场所干警正常的交接手续;

6. 执行还押任务的司法警察在与看守所民警交接完毕后应负责将警械具收回,并对警械具等物件进行必要的安全检查和数量清点工作。

(二)交接完毕后的工作

司法警察交接完毕后,应就地集结,各还押小组小组长清点还押小组成员,带领押解组成员按照原有的秩序撤回安全地点或回原车待命,司法警察不得擅自行动、干扰司法警察领导或还押负责人还押手续的办理工作。

四、还押手续的办理

(一)还押手续办理的时间

司法警察领导或还押负责人应当仔细核实被告人进入看守所或者其他监管机构的情况,待所有被告人均进入监区后,再向看守所民警提出进行办理还押手续。

(二)提押票等法律文书回收时的审核

在取回提押票等法律文书时,由司法警察领导或押解负责人负责审核,审核的主要内容包括:

1. 司法警察领导或还押负责人负责对提押票等法律文书的总数量进行清点,杜绝出现丢失、遗落等现象;

2. 审核回收的提押票与提押时提交的提押票是否一致,主要审核被告人的身份信息,并与还押的被告人逐一核对,防止收回的提押票与还押的被告人不一致;

3. 审核每张提押票上是否有看守所及其他羁押场所干警的签字,还押日期及时间是否在提押票上予以注明,若发现有遗漏的,应及时请看守所及其他羁押场所干警给以补正。签字和日期是证明该被告人已经收押的凭证。

五、还押过程中警械具的使用

司法警察在执行还押任务时,是整个押解任务的最后环节,为了确保把被告人安全还押至看守所或者其他监管机构,在还押过程中司法警察必须配备必要的警械具。

首先,在还押途中,应当配备警棍、手铐、脚镣、对讲机、手持金属探测器等警用装备。必要时应当配备武器,以防范并制止被告人的不法行为。其次,司法警察还押过程中应佩戴执法记录仪,全程开启仪器,对还押过程进行全程录音、录像。配备执法记录仪,既体现了司法警察对还押执法行为规范的重视,也体现了对司法警察合法权益的保护，同时也提高了执法规范性和司法公信力。

还押途中，为防止押解对象行凶、脱逃，对押解对象应一律使用械具。使用械具时可以根据押解对象情况的不同而使用不同的械具，以确保安全为原则。

六、还押任务完成后的后续工作

（一）还押后司法警察人数的清点

还押手续完成后，司法警察领导或还押负责人要及时对参与还押任务的司法警察进行清点，以防止遗漏人员。

（二）还押后提押票等法律文书的提交

司法警察领导或还押负责人还应当负责将提押票等法律文书及时归还各审判业务庭以防止提押票等法律文书丢失、泄密等事故的发生。

（三）还押后警械具的归还

执行还押任务的司法警察在与看守所民警完成被告人交接工作后，应对警械具等物品进行数量清点和必要的安全检查，执行还押任务小组的组长负责武器和警械具的回收工作，待返回法院时即时交还至武器库或警械管理人员。对于检查后发现的有安全隐患的武器和警械具，还押小组的组长和司法警察应即时向司法警察领导提出。

还押的组织实施练习题及答案

第二节　还押实务技能训练

一、还押实务操作能力综合训练的目的

还押实务技能训练教学课件

掌握司法警察还押的动作要领和技能要求，强化人民法院司法警察还押工作的规范化，实现人民法院司法警察还押工作的程序化，提升人民法院司法警察还押工作的安全性。

二、还押实务操作能力综合训练的要求

（一）人员分组

将学生4人一组，分成若干小组。

（二）教师示范

先由教师进行操作性示范，然后每个同学逐一进行操作性训练，逐一考核。

（三）规范动作

训练过程中可以在理论学习的基础上，自己进行模拟练习，在练习的过程中，进行角色互换练习，同学之间可以针对训练中的问题进行讨论、总结，也可以向老师寻求帮助。

三、还押实务操作能力综合训练的目标

要求各位学员能够熟练的操作还押警务任务的全过程，不发生错误。练习时各位学员要在各个位置上操作。考核时，每位学员都要在位于被告人的右侧的位置上进行主操作，以检验学员执行还押警务任务的整体能力。

四、还押实务操作能力综合训练的准备

（一）了解还押对象的情况，确定司法警察的人数和还押的方案

（二）告知还押过程中应遵守的纪律和行为规范

（三）整理警容风纪

（四）准备器材

1. 警用器械：手铐、脚镣。
2. 场所的准备。
3. 执法记录仪。
4. 通讯器材的准备。

五、还押实务操作能力综合训练动作要领讲解

准备动作：练习时4人一组，2人模拟司法警察，1人模拟被告人（着便服），1人模拟看守所民警。2名司法警察站成一排，负责押解被告人，看守所民警面对相距10步左右，其中一位司法警察为主操作手，准备执行还押警务任务，负责核对身份、与看守所民警交接、解铐等工作任务。口令为带下、交接、解

铐。进行主操作的司法警察是位于被告人右侧的司法警察，练习小组中的各位学员都要到此位置上练习上述任务的操作。

六、还押实务操作能力练习步骤

（一）带下囚车（口令："带下"）

当听到"带下"的口令后，2名司法警察同时伸出各自的左右手，抓住被告人的肘部，按照"品"字形步伐行进与立定的动作要领向前行进10步~15步，自行立定。

（二）核实身份（口令："核对"）

当听到"核对"口令时，其中右侧的司法警察松开被告人肘部，前跨两步转体面对被告人，说："被告人回答姓名、性别、出生年月、籍贯、住址、案由"，被告人回答完毕后，负责核对"被告人六项"的司法警察取立定姿势，等待下一个口令。

（三）与看守所民警的交接（口令："交接"）

当听到"交接"的口令时，负责核对"被告人六项"的司法警察采用齐步走的动作要领向看守所民警走来，距离1米~2米时立定，对看守所民警说："你好，我们是××人民法院司法警察，今天因我院开庭审理某某案件，到你处还押××被告人，请允予配合。这是我们的警官证。"2名司法警察等待下一个口令。（注意，不得抢口令，即不得在指挥员下达下一个口令前提前操作下一个动作"配合安全检查"。）

（四）配合看守所民警安全检查（口令："安检"）

当听到"安检"口令时，负责与看守所民警交接的司法警察迅速归位，站于被告人的身体右侧，使2名司法警察与被告人成"品"字形站位，同时抓住被告人右侧肘部，配合看守所民警对被告人进行安全检查。这时看守所民警按照"徒手安全检查法"对被告人进行人身检查，检查完毕后，司法警察保持原位姿势，等待下一个口令。

（五）打开手铐（口令："解铐"）

当听到"解铐"的口令时，位于被告人左侧的司法警察上右脚，顶住被告人的左脚后跟，右手按住被告人的左侧肩部，左手抓住被告人左手手肘，并顺势将被告人身体推向前一小步（其目的一是对被告人警戒以防范其不法行为，二是方便另一侧的司法警察顺利解开被铐人的手铐）。同时，位于被告人右侧的司法警察持手铐钥匙依次将被告人的左手和右手的手铐解开，将手铐和钥匙放置入手铐盒内。负责解铐的司法警察迅速站于被告人的右侧，2名司法警察同时伸出各自的左右手，抓住被告人的肘部，按照"品"字形步伐行进与立定的动作要领向前行进 5 步~10 步，自行立定。

听到"解散"口令时，自行解散后，以一列纵队归位到原出发地点或在原地待命。

七、撰写实训报告

实训结束后，学生根据自己在实训过程中的具体表现和心得体会，撰写实训报告。

还押实务技能训练练习题及答案

第三节　还押的情况处置

在还押阶段，由于开庭审理完毕或宣判结果明确，无论对于被告人还是被害人都有可能对案件的审理或判决不满，在还押过程中可能出现各种突发情况，执行还押警务保障任务的司法警察应及时给予应对和处置。

还押的情况处置教学课件

一、押解途中，执行押解任务的车辆发生交通事故或者发生故障等情况时

严密控制被告人，组织对车辆及现场的警戒工作，防止被告人脱逃及其他意外事件发生；将被告人转移到备用车辆，在转移被告人过程中，应加强对被告人的看管及现场周围的警戒；在没有备用车辆的情况下，及时向司法警察部门负责人报告，请求派车接应；向公安机关报警，请有关部门到达现场协调处理。

二、被告人脱逃的处置

1. 快速反应。在还押过程中，发生押解对象脱逃时，应立刻追踪、搜索、堵截、捕获逃犯，在近距离追捕时，要迅速出击。

2. 跟踪追击。通常在看到逃犯行踪或确定逃犯逃跑方向或隐匿地点的情况下采用此法，应沿着逃犯的足迹或逃跑路线取捷径追击，不让被告人脱离追逃司法警察的视线。

3. 预伏堵截。通常在可以判断出逃犯去向和路线时采用此法。追捕人员迅速在逃犯必经路口、渡口、桥梁、车站、码头等地设伏，隐蔽或化装守候，等逃犯到达时，以出其不意的动作将其捕获。必要时将逃犯的情况通报当地的公安机关和有关部门，请求协助堵截捕捉。为争取时间，追捕人员应充分利用交通工具，抢在逃犯之前到达预伏地点。

三、被害人家属拦截还押车辆的处理

面对被害人家属拦截还押车辆的情况，担任还押任务司法警察和囚车驾驶员要沉着冷静、严格按照平时演练的押解紧急情况处置预案要求，密切注意被告人的动向，严格控制被告人，以防意外情况的发生，并立即向司法警察领导报告情况，同时驾驶员打开警笛。对围观群众展开疏导，对围堵的被害人亲属进行法制教育。如被害人的亲属仍不听劝告，致使围观的群众越来越多，为防止事态的进一步扩大，可对首要分子采取强制带离现场的措施，及时控制现场，制止被害人家属的过激行为，控制事态的发展，将囚车迅速驶离现场，使被告人安全还押。

四、遇有被告人打听案情或者咨询法律法规时

还押过程中，对于被告人提出有关案件的咨询，执行还押任务的司法警察应遵守相关纪律规定，告知被告人人民法院会公正审判，不得向被告人透露案情，不得对其进行训斥或者有其他表示。对于被告人咨询法律法规时告知其可向律师咨询相关的法律法规。

五、遇有被告人患有疾病情况的处置

遇有被告人患有疾病，应当本着人道主义的精神，进行抢救，为其治疗，尊重其生命权。另外司法警察应具备急救的基本技能，掌握心肺复苏技术、创伤救护以及常见急症现场救护等急救知识。当押解对象携带艾滋病病毒且又有严重暴力倾向时，一定要严格搜查，严防其身上藏匿钢丝、针头等尖状硬物，防止用带病菌的物品行凶。有心脏病史和癫痫病史的被告人在还押途中如遇情绪激动，容

易发病,要随时注意这些人的状态和情绪,必要时要给他们用一些心脏病药物或镇静药物。

还押的情况处置练习题及答案

1. 还押前与执行看管任务司法警察交接的内容是什么?
2. 司法警察在还押途中监控的重点是什么?
3. 还押途中警械具使用的要求有哪些?
4. 司法警察还押过程中与看守所或者其他监管机构交接的规范要求是什么?
5. 还押后的后续工作主要有哪些?
6. 还押时,可能出现的突发情况有哪些?请举例并详细说明如何处置。

第八章 看管的概念和要求

学习目标

通过本章学习，掌握看管的概念、特征和分类，掌握看管的原则和要求。

学习重点

看管的概念，看管的特征，看管的原则，看管的要求。

【本章引例】

某年6月12日晚9时许，被告人程×（男）伙同李××（男）骑摩托车窜至某市城区东信路农贸市场旁，用飞车夺包的手段，将骑自行车的邱××的拎包夺走，包内有人民币2300元、银行卡等物品。6月20日晚8时许，被告人程×伙同李××骑摩托车窜至某市东湖路市政管理处门口，用飞车夺包的手段，将骑自行车的洪××的拎包夺走，包内有人民币1750元、价值1600元的手机1只及手机电板等物，合计钱物价值3060元。当被告人程×伙同李××携赃逃至江东大桥附近时被公安干警抓获，赃款、赃物均追回并发还给被害人。

同年10月11日上午9时，某市东城区人民法院在该院的第二法庭公开审理此案。8点40分，被告人程×和李××被押解至该院的羁押室。根据该院司法警察大队的警力部署，由章××、王××和钱××3名司法警察负责看管警务。

据了解，被告人程××在看守所关押期间，曾与同室的犯罪嫌疑人发生争吵、斗殴，致对方轻微伤。被告人李××患有哮喘病，并在看守所羁押期间发病2次，被告人李××的亲属多次请求会见和送药物等。

第一节 看管的概念和特点

一、看管的概念

看管的概念和特点教学课件

看管是司法警察在刑事审判中，依法对在人民法院羁押场所或者其他指定地点候审的被告人进行看守管理，保障审判活动安全有序进行的职务行为。该概念明确指出了看管工作的实质内容和本质特性，直接指出看管工作是人民法院司法警察的职务行为，从而揭示了看管职责是人民法院司法警察依据其所担任的司法警察职务而履行的职务行为。

对于看管概念的理解，应当着重把握以下几个方面：

1. 看管的性质。看管是司法警察的一种职务行为。对于什么是职务行为，我国法律法规中没有明确的界定。《现代汉语词典》对职务一词作的解释是，"工作中所规定担任的事情"。顾名思义，从事工作中所规定担任的事情的行为，即系职务行为。一般而言，职务行为具有以下特征：①职权性。即国家机关工作人员根据法律赋予的职责权限实施的行为，超越职权的行为不是职务行为，不受法律保护。②时空性。即国家机关工作人员在行使职权、履行职责的时间、地域范围内实施的行为。③身份性。即在通常情况下，以国家机关工作人员的身份和名义实施的行为，如司法警察着装、佩戴标志、出示证件、宣布代表机关实施的行为一般都是职务行为。④目的性。即国家机关工作人员为了履行法定职责和义务，维护公共利益而为的行为。

应当明确的是，上述职务行为，与《中华人民共和国国家赔偿法》上所说的"行使职权"的活动既有共性，也有差异。就国家赔偿而言，构成国家赔偿责任的行为，必须是职务行为违法，并且这种违法的职务行为造成了损害事实，两者之间有必然的因果联系。如果一个合法的职务行为，对当事人的权益造成损害，这时构成的不是国家赔偿，而是补偿。如国家为了公共利益，依法对公民个人和企业的财产进行征收、征用，这时造成的损失不是赔偿，而是补偿。这里所说的"合法行为"，是一种合法的行为，即依法履行职务的行为，如果是一种违法的行为，则不受法律保护。

由此可见，人民法院司法警察依照有关规定，在羁押场所看守和管理候审的被告人，是人民法院司法警察根据国家赋予的职权，受法律保护的、可依法采取必要强制措施的、依法履行职责的行为，它具有对警械具和武器使用的特殊权力。

2. 看管的任务。看管的任务是司法警察对被告人在候审期间进行看守和管理。

（1）看守。所谓看守，从词义上讲，是指负责守卫、监视、看护；还有作为身份性质的理解，即旧时称监狱里看管罪犯的人员。人民法院司法警察的看守任务主要表现在：依照有关规定对被告人使用械具，防止其行凶、脱逃、自杀、自残等情况的发生；密切监控被告人的活动，并经常巡查看管场所，检查看管场所的门锁是否安全、有效，发现被告人在看管场所内有自杀、自残、传递信件、携带违禁物品、可疑物品等违章或不法行为时，应及时予以告诫并制止；在看管期间，被告人严重违反看管场所规定的，司法警察可依法采取相应的强制措施等。

（2）管理。所谓管理，是指通过计划、组织、领导、控制及创新等手段，结合人力、物力、财力、信息、环境、时间等六要素，以期高效地达到组织目标的过程。人民法院司法警察的管理任务主要表现在：对看管被告人的场所、周边情况及警用设备进行检查；与押解司法警察依法履行交接手续，认真核对被告人的身份、人数，以及有无疾病、有无异常情绪等基本情况；对被告人进出羁押场所的情况进行登记；依法告知被告人在看管期间的权利和应遵守的规章制度；被告人在看管期间有检举、揭发的要求时，及时报告部门领导和承办案件的法官；未经批准，不得让被告人以外的任何人员进入看管场所；对被告人如厕时监控管理；对被告人就餐的监控管理；被告人在看管期间患病的，及时给予救治措施等。

3. 看管的场所。看管的场所包括人民法院内设置的羁押室或其他指定羁押场所。

根据有关规定，我国目前有关候审期间看管被告人的羁押场所，一般分为固定羁押场所和临时羁押场所。其中，固定羁押场所是各级人民法院在建设审判法庭时，配套建立的羁押场所，在羁押场所内建有若干相互独立的羁押室，以及配置安装有束缚椅或者被告人固定座位，座位上应当安装手铐、脚镣固定环，专用厕所，监控设施等。其他指定羁押场所是人民法院因审判工作的实际需要，在人民法院之外的临时审判场所附近设立的羁押被告人的场所。临时羁押场所与固定羁押场所相比，在安全保障、监控设备的配备等方面有很大差距。因此，应根据案件性质、审判规模以及周边环境，在确保安全的前提下，因地制宜选择最佳地点设立。

4. 看管的期间。看管的期间是在被告人被提押至人民法院或者其他指定审判场所的候审期间。

所谓候审期间，是指负责押解的司法警察将被告人押解至人民法院内设的羁押场所或其他指定羁押场所，并与负责看管的司法警察按照规定办理了交接手续后，自审判结束需将被告人带离羁押场所予以还押时，至由负责押解的司法警察与负责看管的司法警察办妥带离交接手续的这段时间。同时，在法庭审判期间，被告人被带离羁押场所出庭接受审判的过程中，无论是单被告人或是多被告人，无论是带离一次或是多次，被告人被带进或带出羁押场所，履行押解和看管职责的司法警察之间都需办理交接手续。值得注意的是，办理交接手续既是司法警察规范执法的要求，也是对被告人监管责任转移的分界点。

5. 看管的对象。看管对象是经传唤到庭接受审判的被告人。其中包括因逮捕被羁押或者被监视居住、取保候审的被告人，以及在监狱服刑期间又实施犯罪行为的罪犯。

需要说明的是，关于看管对象的称谓问题，在不同的规定中有不同的用语。如：2004年颁布的《人民法院司法警察看管规则》使用"被告人"；2008年颁布的《预防和处置突发事件暂行规则》使用"刑事被告人"；2012年颁布的《司法警察条例》使用"被告人或者罪犯"；2013年颁布的《人民法院司法警察执法细则（试行）》使用"被告人"等。在不同的规定中，对看管对象的用词不一致，且在有的规定中用语并不规范。为此，尽管在不同的规定中对看管对象的表述不一致，但从人民法院刑事审判过程这一阶段而言，无论在公诉案件中被公诉机关指控涉嫌犯罪而要求法院依法对其追究刑事责任的人，还是在自诉案件中被自诉人提起控告要求法院依法追究刑事责任的人，都统称为"被告人"，因此，将看管的对象界定为"被告人"最为确切。2019年颁布《刑事审判警务保障工作规则》《执法细则》都明确将押解、看管的对象确定为被告人。

二、看管的特点

（一）看管期间的特定性

为保障刑事审判工作的顺利进行，在审理刑事案件过程中，先由负责押解的司法警察将被告人押解至候审的羁押场所，并按照要求和程序移交给履行看管职责的司法警察进行看守和管理。因此，看管只是司法警察执行刑事审判保障警务工作中的一个环节，其期限仅限于被告人候审期间，尤其是被告人被羁押在看管场所的期间。由此体现出看管期间的特定性之特征。这是看管与押解、值庭等职责相区别的特点之一。

（二）看管场所的限定性

被告人候审期间，首先应提押至羁押场所进行羁押，无论是羁押在人民法院内的羁押场所，还是将其羁押在其他指定的羁押场所，司法警察履行看管职责的区域只是在羁押场所的范围之内。因此，看管场所具有很强的限定性。

（三）看管职责的管理性

司法警察执行看管警务的管理性表现在：

1. 对被告人的管理。执行看管职责的司法警察应当对被告人在羁押场所内的活动进行管理。这一期间，司法警察应防止被告人与外界接触，密切监控被告人的动向，安排和管理被告人的就餐、如厕等活动；未经许可，不得让被告人以外的任何人员进入羁押场所，不准给被告人带食品或者其他物品，不得给被告人传递口信等。

2. 对羁押场所的管理。其一，对羁押场所设施设备的安全进行管理。执行看管的司法警察应当经常性地巡查看管场所内的专门通道、羁押室、厕所、照明、羁押室的门及锁、手铐脚镣固定环等设施设备是否正常。其二，对羁押场所相关事务的管理。

（四）看管工作的复杂性

在庭审期间，根据刑事审判诉讼程序的进程和要求，被看管的被告人将会多次出入看管场所，尤其是多被告人的刑事案件，或者在同一时间段有多个案件的被告人候审，以及由于看管场所条件的限制等情况下，被告人出入看管场所的次数会更多、出入交错更复杂，此种情形下，对执行看管任务的司法警察的要求也更高，也就要求执行看管任务的司法警察应当更加认真、仔细核对出入看管场所的被告人，并做好准确的出入登记手续，杜绝发生差错；同时，又要求司法警察提高警惕，密切注意看管场所的其他被告人，预防和制止被告人串供、自伤、行凶、脱逃等事件的发生。因此，这种复杂性也是看管的重要特征之一。

三、看管的分类

根据人民法院司法警察看管警务的特点和要求，可以将看管从以下几方面进行分类：

（一）依据看管的场所进行分类

根据看管的场所，可以分为固定羁押场所的看管和临时羁押场所的看管。

固定羁押场所是指设在人民法院内部与审判法庭相配套的、专门关押被告人的场所，主要是指人民法院内的羁押室（间）。临时羁押场所是指人民法院因为审判工作的实际需要，在人民法院之外的审判场所附近所设立的临时羁押被告人的场所。

固定羁押场所的看管主要是指在人民法院内设立的固定羁押室对被告人进行看管。临时羁押场所的看管主要是指人民法院因审判工作的实际需要，在人民法院之外的临时审判场所设立的羁押场所对被告人进行看管。

（二）依据羁押的对象人数进行分类

根据羁押的对象人数，可以分为一人一室看管和多人一室看管。

一人一室看管是指一间羁押室羁押1名被告人的看管，通常情况下应当1人一室进行看管。多人一室看管是指因为被告人数较多、羁押室不足的情况下，采取2人以上同时羁押于一室的看管。因为看管人数多而造成多人一室关押时，要避免同案关押、男女关押或成年被告人与未成年被告人关押。

（三）依据看管的严格等级进行分类

根据看管严格的等级，可以分为一般看管和重点看管（也可称面对面看管）。一般看管是指对被告人人身危险性较低，一般不会发生自伤、自残、行凶等情形的看管，看管期间主要采取巡逻及视频监控的方式对其进行看管。重点看管是指被告人人身危险性较高，可能发生自伤、自残、行凶等情形的看管，看管期间应当采取面对面的方式进行看管。

第二节　看管的原则和要求

一、看管的原则

看管的原则和要求教学课件

看管的原则是指人民法院司法警察在执行看管警务时所应遵循的基本准则，它贯穿于看管警务组织实施的整个过程，是对履行看管警务职责起着指导性作用的核心准则，它体现了看管警务职责的根本宗旨。人民法院司法警察执行看管警务的原则主要有尊重和保障被告人权利原则、依法执行职务受法律保护的原则和违法与失职责任追究的原则。

（一）尊重和保障被告人权利的原则

尊重和保障人权是我国宪法确立的一项重要原则，它是社会主义法治的本质要求之一。人民法院司法警察在履行看管警务职责的过程中，应当尊重和保障被告人的权利，严格执行有关法律、法规和最高人民法院颁发的有关规范性文件的要求，保障被告人的合法权利，处理好看管职责与保障被告人权利的关系，是公正地履行有关法律法规对司法警察部门及司法警察具体实施执法行为的基本要求。

（二）依法执行职务受法律保护的原则

依法执行职务受法律保护的原则是现代法治国家对执法的基本要求之一，也是执法的一项重要原则。依法执行职务受法律保护的原则是法治原则在司法警察执法中的具体体现，是指人民法院司法警察部门及其工作人员在行使职权时必须有法可依，严格控制在法律框架内，不得逾越。依法履行职责是司法警察行使权力的最基本准则。

我国《人民警察法》第5条规定："人民警察依法执行职务，受法律保护。"《司法警察条例》第6条规定："人民法院司法警察依法执行职务，受法律保护。"依法执行职务，这一原则总的要求是：司法警察机关及其人民警察的一切活动都要以法律为依据，严格遵守法律的有关规定。一方面，法律保护人民警察的依法执行职务行为；另一方面，司法警察有权拒绝行使法律、法规规定以外的职责，并不因此而受到法律追究。依法执行职务受法律保护的原则的主要表现在于：

1. 执法主体要合法。执法主体的设立及其职权的设定必须要有法律依据，必须具备法律直接或间接赋予的职权能力和行为能力。人民法院司法警察是我国人民警察的警种之一，看管警务执法的主要依据是我国《人民法院组织法》《刑事诉讼法》《人民警察法》《司法警察条例》和《刑事审判警务保障工作规则》等有关法律、法规。看管警务的执法主体必须在法律规定的职权范围内活动，非经法律授权，不可能具有并行使某项职权。

2. 执法内容要合法。执行看管警务司法警察的一切能产生特定法律效力和法律后果的行为都是执法的内容。执法的内容必须有法律依据，不得背离立法目的、法律精神，在执法活动中采用的方式必须是法律规定的方式。

3. 执法程序要合法。执法程序伴随着执法活动的全过程和全方面。看管警务的执法程序要符合法定步骤、顺序，必须按照执法内容来决定所适用的程序，不能任意简化或改变。

（三）违法与失职责任追究的原则

违法与失职责任追究的原则具有双重含义：一是指司法警察权的行使只是针

对具有违法责任的人，简单地说是谁违法谁承担法律责任；二是指司法警察部门及其工作人员在行使权力时必须有相应的法律责任限制，即有权力也有责任，必须承担行使警察权行为的后果。司法警察的责任原则是司法警察权的性质所决定的，司法警察权的行使应该置于责任制度之下。为了落实责任原则，使司法警察权的运用更准确、适度及合法，它必须在责任制度的框架内进行，防止其滥用。

二、看管的要求

最高人民法院颁布的《刑事审判警务保障工作规则》《司法警察条例》《执法细则》《最高人民法院关于加强人民法院羁押监控设施硬件建设的通知》《最高人民法院关于羁押、监管刑事被告人工作的若干规定》和《人民法院司法警察执法行为规范（试行）》等规范性文件明确了司法警察执行看管警务的基本要求。

（一）遵纪守法、服从指挥

执行看管警务的人员应当严格遵守法律、行政法规和人民法院有关司法警察的规定，严格执法、文明执法、规范执法；按规定着装，保持警容严整，举止端庄；执行看管警务的司法警察应当服从司法警察部门领导或看管警务负责人的命令，听从其指挥，恪守职责，不得做与看管警务无关的事情。

（二）认真细致、保守秘密

执行看管警务过程中，司法警察应认真仔细核对被告人的身份，清点被告人数量，了解被告人犯罪的基本情况、有无疾病、有无异常情绪等情况；对进出羁押场所的被告人的姓名、时间、人数以及押解司法警察的姓名等情况，应逐一登记，认真填写看管记录；执行看管警务期间，不得询问或者谈论案情，不得谈论国家秘密和审判工作秘密。

（三）规范执法、严密监控

司法警察应当严格、规范、公正、文明执法，模范地遵守社会公德，尊重社会公序良俗；应当保持警容严整、举止端庄，语言文明；应当严格遵守国家的法律法规，严格遵守人民法院工作人员和人民警察的纪律规定。执行看管应当对同案被告人、成年被告人和未成年被告人、男性被告人和女性被告人以及其他需要分别看管的被告人，原则上应保证一人一室，确保有效隔离，必要时，实行面对面看管。女性被告人应当由女性司法警察执行看管。

司法警察在看管期间，应密切监控被告人的活动，不间断地巡查看管场所，检查看管场所是否安全、有效；发现被告人在看管场所内有自杀、自残、传递信件、携带违禁物品、可疑物品等违章或不法行为时，应及时予以警告并制止，同时汇报值班领导。

（四）文明执法、不徇私情

执行看管警务的司法警察不得辱骂、体罚、虐待或者变相体罚被告人；应当使用告知词，告知被告人在羁押期间应遵守的规定和纪律，同时告知被告人所享有的权利；遵守告知勤务，即告知被告人："×××，我们是×××人民法院司法警察。请你遵守人民法院看管规定，保持羁押场所肃静，不得交谈，不得询问案情，如有问题，请依法向人民法院提出申请。若未经允许随意讲话或者有其他违反看管规定的行为的，我们将依法对你采取强制措施。"

看管的司法警察不得让被告人以外的任何人员进入羁押场所；不得给被告人带食品或者其他物品；不得给被告人传递口信；不得让无关人员进入羁押场所；未经允许不得在羁押场所摄影、录音、录像和接受采访；以及不得有其他与看管任务无关或违法违纪的行为。

值得提示的问题是：对于家属提出会见被看管的被告人情况，如何处理为妥的问题，对此涉及文明执法和人性化执法的方面。就这种情况而言，原则上不允许被告人的家属会见被看管的被告人，但在特殊情况下，严格按照有关程序经批准后可以安排会见。其一，具有下列特殊情形之一的，可视情安排会见，但仅限于被告人的近亲属：①被告人未满18周岁的；②被告人系限制刑事责任能力的；③被告人系盲、聋、哑人的；④被告人系孕妇的；⑤会见有助于做好民事赔偿工作的。其二，应当严格按照程序经过审批准许后，方可会见。①会见申请应当在庭审开始前向审判长提出，并提供能够证明与被告人关系的有效证件。是否允许应当报刑事审判庭庭长决定。安排有重大影响案件的会见，应当报告主管刑事审判的院领导批准。严禁任何人员擅自利用开庭机会安排被告人与他人进行会见。②在法庭辩论终结前不应当安排会见。一审或者二审的一个审判程序内只安排一次会见。一次只能安排1人会见，直系亲属会见时，如果有必要，也可以同时安排2人会见。会见时间不宜过长。③申请会见人应当在案件承办人和书记员的陪同下，持能够证明与被告人关系的有效证件、刑事审判庭庭长或者主管刑事审判的院领导同意会见的证明，交看管工作负责人核实后安排会见。会见时，应当安排2名以上司法警察在场，司法警察应当将被告人押解至羁押室内，并将羁押室上锁。④会见时不得谈论案情，不得向被告人传递物品及有关案件信息。不得同时安排不同被告人进行会见。庭审笔录校对与被告人会见应当分开进行。⑤会见结束后，负责看管的司法警察应当填写安排被告人会见登记表，记录批准会见人、会见人姓名、会见时间、会见情况等内容。

思考题

1. 什么是看管？如何理解看管的性质？
2. 如何理解看管的特点？
3. 如何理解在执行看管警务中遵循尊重和保障被告人权利的原则？
4. 如何理解在执行看管警务中遵循依法执行职务受法律保护的原则？
5. 看管的基本要求有哪些？
6. 被告人家属提出会见被看管的被告人，应当如何处理？

第九章　看管的依据和职责

学习目标

通过本章学习，了解看管的依据，掌握看管人员的职责。

学习重点

看管的依据；看管警务负责人的职责；具体执行看管警务人员的职责。

【本章引例】

被告人毛××，男，1968年12月6日出生于×市，汉族，小学文化，农民，先后3次因诈骗罪被判刑。现因涉嫌盗窃犯罪于××年7月26日被逮捕，现羁押于×市看守所。

××年6月2日凌晨，被告人窜至×市劳动街某首饰行门口，趁无人之机利用自带的螺丝刀撬开店门进入首饰店内，将店主周×放置在店内的30多件银器盗走后逃离现场（同年6月22日公安民警在被告人位于×市市心路的出租房的搜查出×首饰行被盗的银器9件，经鉴定上述9件银器价值人民币7401元）。同年6月20日凌晨，被告人窜至×市西街街道×点心店门口，趁无人之机进入店内，将店主方某放置在店内抽屉里的1800余元盗走后逃离现场。同年6月22日清晨，被告人窜至×市剑池街道某烤鱼店门口，趁无人之机用脚踢开门锁进入店内，将店主姚×放置在店内抽屉里的570余元盗走后逃离现场。

×市检察院于同年9月25日向法院提起公诉。该市法院依法组成合议庭，于同年11月16日上午9时在该院第三法庭公开审理本案。上午8点35分左右，被告人毛××被羁押在该院的羁押室，由张×和许×2名司法警察负责看管。大约8点50分，被告人毛××突然打开羁押室的门就往外面跑。司法警察张×立即冲上去将该被告人抱住，许×随即一起将被告人按倒在地，戴上手铐关进羁押室，并将手铐固定在座椅的手铐环上，同时密切监视该被告人的情况。

第一节 看管的依据

看管的依据和职责教学课件

一、看管的理论依据

人民法院司法警察职权从属于人民警察职权,人民警察职权是我国人民警察机关及其人民警察依法执行警察法律规范、实施警察活动的权力,是国家依法赋予人民警察维护国家安全和社会治安秩序,保护公民合法权益,保障国家经济建设和社会发展顺利进行的强制力量。人民警察职权最主要的特点是法定性和强制性。人民法院司法警察职权除具有人民警察职权的共同特点外,还具有其自身的一些特点,主要在于:

1. 独特性。人民法院司法警察的职权是以《司法警察条例》的形式加以确定的。其内容是紧紧围绕人民法院审判活动而设定的,与公安人民警察的职权范围相比较窄,具有相对独特性。

2. 从属性。从《司法警察条例》的规定来看,人民法院司法警察的执法权从属于审判活动,而且从属于法官。可以说,没有审判活动,就没有司法警察的执法权;没有法官的指挥,司法警察难以实施执法权。可见,人民法院司法警察执法权的从属性是显而易见的,因而也决定其在执法活动中往往处于被动的地位,具有较少的主动性。

当然,根据《司法警察条例》第8条第2款之规定:"出现危及法庭内人员人身安全、被告人或者罪犯脱逃等紧急情况时,人民法院司法警察应当先行采取必要措施。"据此,在特定场所内发生紧急情况时,司法警察具有先行采取必要措施的处置权。

3. 服务性。人民法院的宗旨是以"司法为民、司法公正"为主题。人民法院司法警察必须以宪法和法律为活动准则,全心全意为人民服务,忠于职守,清正廉洁,服从命令,严格执法。人民法院的宗旨和人民法院司法警察的性质、地位、作用,都决定人民法院司法警察在履行职权时,应当强化服务意识,执法与服务并重。这种服务性的特点,主要体现在履行职权是为审判工作服务。

二、看管的执法依据

我国人民法院司法警察执行看管警务的主要执法依据包括以下三类：一是我国法律规定层面的依据，二是行政法规层面的依据，三是最高人民法院颁发的规范性文件层面的依据。

（一）法律层面的依据

1. 我国《刑事诉讼法》的有关规定。从我国的法律规定层面而言，关于看管的执法依据主要是我国的《刑事诉讼法》中的有关规定。尽管我国《民事诉讼法》的有关规定没有明确提到看管职责问题，但有些规定蕴含着人民法院司法警察履行看管职责的依据。

在刑事案件审判过程中，被告人应先行押解至法院的羁押场所或者指定的羁押场所候审，就会涉及对被告人的看管工作。因此，虽然该法中没有明确规定看管的事项，但就其审判程序过程而言，蕴含着看管的职责。由此，该法是司法警察履行看管职责的重要法律依据之一。

2. 我国《人民警察法》的有关规定。为了维护国家安全和社会治安秩序，保护公民的合法权益，加强人民警察的队伍建设，从严治警，提高人民警察的素质，保障人民警察依法行使职权，全国人大常委会制定了《人民警察法》。人民法院司法警察属于人民警察警种之一，在执行司法警察的有关任务时，对于《人民警察法》的有关规定同样适用。如该法所规定的：人民警察依法执行职务，受法律保护；有关人民警察的职责和权力、警械和武器使用等有关规定同样也是人民法院司法警察的执法依据。

（二）行政法规层面的依据

为了保障人民警察依法履行职责，正确使用警械和武器，及时有效地制止违法犯罪行为，维护公共安全和社会秩序，保护公民的人身安全和合法财产，保护公共财产，国务院于1996年1月16日颁布了《人民警察使用警械和武器条例》。该条例的第2条规定：人民警察制止违法犯罪行为，可以采取强制手段；根据需要，可以依照该条例的规定使用警械；使用警械不能制止，或者不使用武器制止，可能发生严重危害后果的，可以依照该条例的规定使用武器。第5条：人民警察依法使用警械和武器的行为，受法律保护。第8条规定：人民警察依法执行逮捕、拘留、看押、押解、审讯、拘传、强制传唤等任务时，遇有违法犯罪分子可能脱逃、行凶、自杀、自伤或者有其他危险行为的，可以使用手铐、脚镣、警绳等约束性警械。以上这些也是人民法院司法警察执行看管任务的重要依据。

（三）最高人民法院颁发的规范性文件方面的依据

为规范人民法院司法警察刑事审判警务保障工作，保障刑事审判活动安全有序进行，最高人民法院于 2019 年颁发了修订的《刑事审判警务保障工作规则》《执法细则》《预防和处置突发事件规则》《人民法院司法警察安全检查规则》等四个规范性文件。

1.《司法警察条例》。为保障司法警察依法行使职权，根据有关法律法规，最高人民法院于 2012 年 12 月 1 日颁布了《司法警察条例》。

该条例规定了司法警察的职责、采取强制措施、使用警械及武器等方面的内容。

（1）明确了司法警察的基本职责。该条例第 6 条规定：人民法院司法警察依法执行职务，受法律保护。第 7 条规定：人民法院司法警察的职责：①维护审判秩序；……③刑事审判中押解、看管被告人，传带证人、鉴定人和传递证据……

（2）明确了采取强制措施的执法依据。该条例第 9 条规定：对以暴力、威胁或者其他方法阻碍司法工作人员执行职务的，人民法院司法警察应当及时予以控制，根据需要进行询问、提取或者固定相关证据，依法执行罚款、拘留等强制措施。第 12 条规定：人民法院司法警察在履行职责过程中，遇当事人或者其他人员实施自杀、自伤等行为时，应当及时采取措施予以制止和协助救治，必要时应当对其采取约束性保护措施，并视情节移送公安机关。

（3）明确了使用警械及武器的执法依据。该条例第 14 条规定：遇有脱逃、拦劫囚车、抢夺枪支或者其他暴力行为的紧急情况，人民法院司法警察可以依照国家有关规定适用警械；使用警械不能制止或者不使用武器制止可能发生严重后果的，可以依照国家有关规定使用武器。

2.《刑事审判警务保障工作规则》。为规范人民法院司法警察刑事审判警务保障工作，保障刑事审判活动安全有序进行，根据《刑事诉讼法》《人民警察法》《中华人民共和国人民法院法庭规则》《司法警察条例》等法律、法规及相关规范性文件，最高人民法院于 2019 年修订颁布了《刑事审判警务保障工作规则》。

该规则规定了司法警察的看管职责、押解与看管任务之间的协作、监管被告人、使用警戒具等方面的内容。

（1）明确了司法警察看管职责。该规则的第 26 条规定：司法警察看管职责是核对被告人身份，清点被告人人数，填写看管记录；对被告人进行安全检查；关注被告人动态，实施有效管理和控制；防止被告人串供、接触与看管无关的人员；预防和处置被告人脱逃、行凶、自杀、自伤或者其他危险行为；处置看管中的其他突发事件。

（2）明确了押解与看管分工负责、互相配合的执法依据。该规则第 29 条规定：将被告人从看守所或其他监管机构押至人民法院羁押场所时，负责看管的司法警察应当与负责押解的司法警察履行交接手续，了解基本情况，清点人数、核对身份、逐一登记，共同签字确认。

（3）明确了司法警察监管被告人的执法依据。该规则第 30 条规定：看管期间，应当对同案被告人，成年和未成年被告人，男性和女性被告人，以及其他需要分开看管的被告人实行分别看管，原则上保证一人一室，确保有效隔离。女性被告人应当由女性司法警察执行看管。以及第 32 条规定：被告人如厕时，司法警察应当提前对卫生间环境进行检查，并对其实施有效监控。女性被告人应当由女性司法警察监控。

（4）明确了使用戒具的执法依据。该规则第 31 条规定：看管期间，对被告人可以解除戒具。对可能发生脱逃、行凶、自杀、自伤和其他危险行为的被告人，应当根据安全需要使用相应戒具。对未成年被告人一般不得使用戒具，但确有人身危险性的除外。

3.《执法细则》。为进一步完善人民法院司法警察执法制度，规范司法警察执法行为，保障人民法院审判执行工作安全有序进行，根据有关法律、法规及相关规范性文件，最高人民法院于 2019 年印发了《执法细则》。该细则规定了司法警察看管的职责、使用戒具、对被告人进行安全检查以及巡查防控和交接登记等方面的内容。

（1）明确了看守管理被告人的执法依据。该细则"第二章刑事案件审判警务保障 2-4.2. 看管"中规定：根据刑事审判活动需要，依法在人民法院羁押室或其他指定场所对被告人进行看管。

（2）明确了使用戒具的执法依据。该细则"第二章刑事案件审判警务保障 2-4.2. 看管"中规定：看管期间，对被告人可以解除戒具。对可能发生脱逃、行凶、自杀、自伤和其他危险行为的被告人，应当根据安全需要使用相应戒具。对未成年被告人一般不得使用戒具，但确有人身危险性的除外。[1]

（3）明确了对被告人进行安全检查的执法依据。该细则"第二章刑事案件审判警务保障 2-4.2. 看管"中规定：安全检查参照该细则 2-4.1. 提押第 4 项安

---

[1] 关于看管期间是否使用戒具问题，最高人民法院先后颁布的规范性文件中规定的演变情况。如 2004 年 2 月 6 日颁布的《人民法院司法警察看管规则》第 5 条第 3 项规定：对被告人一般不使用械具。对重刑犯或有迹象表明可能行凶、脱逃、自杀、自残的被告人，经批准可以使用警械具。该看管规则强调的是不使用械具，只有在特殊情况下并经批准方可使用械具；2009 年 7 月 30 日颁布的《刑事审判警务保障规则》第 14 条第 5 款规定：看管期间可以解除被告人的戒具，对于有可能判处无期徒刑、死刑等较重刑罚和有迹象显示具有脱逃、行凶和自杀、自残可能的被告人，不得解除戒具。该保障规则强调的是"可以解除"，表明了是否解除戒具，司法警察可以根据实际情况灵活掌握，同时明确指出了"不得解除戒具"的具体情形；2013 年 3 月 7 日颁布的《人民法院司法警察执法细则（试行）》明确规定：一般不得解除被告人的戒具。该执法细则着重强调的是"不得解除戒具"。

全检查执行。

（4）明确了对被告人巡查防控的执法依据。该细则"第二章刑事案件审判警务保障2-4.2.看管"中规定：严密监控被告人举动，不间断巡查羁押场所，检查门窗是否锁闭、牢固。

（5）明确了交接登记的执法依据。该细则"第二章刑事案件审判警务保障2-4.2.看管"中规定：与执行押解任务的司法警察履行交接手续时，应当清点被告人人数、核对身份、了解基本情况，逐一登记被告人姓名、案由及进出羁押场所的时间等，并由执行押解、看管任务的司法警察分别签名确认。

4.《预防和处置突发事件规则》。为了预防和减少人民法院工作中发生的突发事件，规范人民法院司法警察预防和处置突发事件工作，保护法院干警及人民群众的生命财产安全，保障人民法院审判执行工作的安全有序进行，根据《中华人民共和国突发事件应对法》《人民警察法》《人民警察使用警械和武器条例》《司法警察条例》等法律、法规及相关规范性文件，最高人民法院于2018修订颁发了《预防和处置突发事件规则》。

该规则从整体上对司法警察执行刑事审判警务保障任务中预防与处置突发事件的原则、程序和要求作了规定，尽管没有明确具体地指出看管警务中如何预防和处置突发事件，但其规定的精神同样适用于看管警务工作之中。

5.《关于羁押、监管刑事被告人工作的若干规定》。为加强对在押刑事被告人的羁押和监管，保障人民法院刑事审判活动的顺利进行，根据有关法律之规定，结合审判工作实际，最高人民法院于2002年3月1日制定了《关于羁押、监管刑事被告人工作的若干规定》。

（1）明确了监管羁押场所的执法依据。该规定第3条规定：羁押室由司法警察负责羁押、监管工作，实行值班制度。

（2）明确了处置突发事件的执法依据。该规定第13条规定：在羁押、监管期间如果发现被告人有行凶、脱逃、自杀、自残等情况发生，应当立即报告并采取相应措施。

此外，《人民警察法》《人民警察使用警械和武器条例》等法律法规，虽然没有直接指明人民法院司法警察的有关内容，但有关人民警察履行职责的要求和权限，涉及司法警察履行特定职责要求和权限，也是司法警察的重要执法依据。

第二节　看管的职责

看管人员的职责是根据刑事审判工作的需要，在人民法院羁押室或者其他指定场所候审期间，依法负责对被告人进行严密有效的看守管理，防止被告人自伤、自残、行凶、脱逃、串供、传递物品、劫持被告人等情况的发生，以保障刑事审判工作的顺利进行。

根据《执法细则》的"第二章刑事案件审判警务保障2-3.2.（2）警力配备"："看管分队（组）。根据案件性质、羁押场所情况、被告人人数和危险程度等情况配备相应看管警力。女性被告人由女性司法警察看管。对于重大案件、可能被判处较重刑罚的被告人，应当适当增加看管警力。"

配备看管警力，可以指定看管工作负责人，因此，可将看管人员可分为：看管警务负责人和具体执行看管警务人员。

由于两者在执行看管警务中的职能和责任有所不同，故其职责也有所差别。看管警务负责人一般由司法警察部门的领导，或者受司法警察部门领导指定的负责组织实施看管警务的司法警察担任。看管警务负责人负责警务保障的组织与协调，确定司法警察任务分工及协作计划，指挥紧急情况的处置，与其他执行看管警务的司法警察共同履行看守、管理、控制、警戒和教育的职责。

一、看管警务负责人的职责

看管警务负责人的职责主要有：

1. 调配执行看管警务的警力和分配具体任务。根据有关规定，看管警务负责人应结合看管警务的实际情况，履行以下职责：

（1）确定与调配看管警力。根据案件性质、羁押场所具体情况、被告人危险程度和数量等配备相应看管警力。

（2）安排司法警察的分工和任务。根据看管警力的配置情况，安排登记、监控设备操作、安全检查和巡查等岗位的人员，明确每一名司法警察的具体职责和工作要求。

2. 组织指挥看管警务方案的实施。

（1）组织警力对羁押场所进行检查。在执行看管警务前，看管警务负责人应组织警力对羁押场所、周边情况及警用、监控设备检查，排除安全隐患。查看羁押场所的厕所环境是否安全，厕所内有无危险品及障碍物，以确保安全。

（2）指挥看守、管理工作的实施。看管警务负责人是看管现场警务安全的第一责任人，对全体参与执行看管警务的司法警察发布指令，负责看管现场的指挥和管理，以保障看管警务安全、有序进行。

3. 协调看管与押解警务之间的关系。看管警务是刑事审判警务保障中的一个组成部分，与提解、庭审押解及还押等押解警务有着紧密的联系。故而，看管警务负责人负有看管与押解等警务之间的协调职责。

4. 组织实施看管警务中突发事件的处置。看管警务中发生突发事件,看管警务负责人负有对突发事件处置的组织实施等职责。同时,负有向上级领导和部门请示报告突发事件及其处置情况的职责。

二、具体执行看管警务人员的职责

根据《刑事审判警务保障工作规则》第 26 条的规定,具体执行看管警务人员的职责主要有:

(一)核对被告人身份、清点被告人人数、填写看管记录

被告人从看守所或者其他监管机构被押至人民法院羁押场所时,负责看管的司法警察应当与负责押解的司法警察履行交接手续,了解基本情况、清点人数、核对身份、逐一登记,共同签字确认,并认真填写看管记录。

(二)对被告人进行安全检查

对进入羁押场所的被告人,应当采取手持金属探测器与手工检查相结合的方法对被告人进行安全检查,以防止被告人携带违禁品进入羁押场所,排除安全隐患,确保安全。

(三)关注被告人动态,实施有效管理和控制

通过监视器等监控设备,密切监控被告人举动,密切监视个进出口,观察进出人员,发现情况及时处置;采取不间断巡查和监控设施监管相结合的方式严密监控被告人举动,防止意外事件发生;对于重大案件的被告人应加强看管措施。

(四)防止被告人串供、接触与看管无关人员

加强巡查防控,严密监控被告人举动,不得让无关人员进入羁押场所,以防止被告人之间串供和与看管无关的任何人员接触。

(五)预防和处置被告人脱逃、行凶、自杀、自伤或者其他危险行为

及时发现被告人携带违禁品、可疑物品等违章或不法行为,严格检查羁押场所门窗是否锁闭、牢固,被告人佩戴的戒具是否安全,以便于有效预防和及时处置被告人脱逃、行凶、自杀、自伤或者其他危险行为的发生。

(六)处置看管中的其他突发事件

看管期间,被告人突发疾病,或者就餐、如厕等过程中发生突发情况的,应及时处置。

对看管过程中被告人突发疾病的,看管的司法警察应及时向司法警察部门领导报告并告知审判人员,联系医护人员及时进行检查和救治;是否送医救治,由院领导决定。对决定送医救治的,司法警察协助案件承办部门将被告人安全、及时地送到指定地点;在检查、救治过程中,司法警察应加强看管和现场警戒。

思考题

1. 如何理解司法警察对羁押场所的监管职责？
2. 如何理解司法警察对被告人的监管职责？
3. 具体执行看管的警务人员的职责有哪些？

第十章 看管场所的设置与要求

学习目标

通过本章的学习，明确看管场所的含义，理解看管场所设置的原则，领会看管场所的设置标准和要求。

学习重点

固定羁押场所的设置及要求；临时羁押场所的设置及要求。

【本章引例】

2016年，根据最高人民法院关于《人民法院羁押场所技术标准》的相关规定，×省×市某区人民法院对羁押室、羁押通道、法警值班室等场所进行改造，消除因羁押场所问题带来的安全隐患，确保刑事审判工作安全顺利进行。

该院新型羁押室主要由钢筋、钢板、木板及海绵体四部分构成。改造后的羁押室将原来的木工板房隔离和木门改成了金属板房隔离和标准的囚室囚门，并设置了专门的羁押通道、单独羁押囚室、共用羁押囚室、羁押人员专用卫生间。

羁押通道及羁押室全程实施高清视频监控，无死角。羁押通道独立封闭，在押解囚车驶入的法院羁押通道口处，安装有两道电动卷帘门，当押解被告人进入监控地点后，可以控制两边的卷帘门降下，使被告人处于一个封闭的空间内，防止被告人在下车途中脱逃。从下车地到羁押囚室，通道与通道之间安装金属铁门隔离，门锁是采用双重指纹解锁装置，根据工作需要给相关人员录入指纹，且只有司法警察才能出入羁押室。

羁押室及卫生间内安装有软包材质，采用防火海绵、防火皮革软包面料、无凹凸，接口紧密；羁押室内制作有长条型和单椅型囚凳，囚凳均采用标准软包设置，并安装手铐、脚镣固定环；每间羁押室的墙壁里层都装贴有10厘米厚的海绵体，真正起到防撞击、防自残、防脱逃的作用；卫生间内软包墙壁侧安装有手铐、脚镣固定环；值班的司法警察通过羁押室内的监控器对羁押通道、羁押室、刑事审判法庭全程无死角监控，还可以通过拾音设备实时监控被告人在羁押囚室内的说话内容；羁押室内还安装了50英寸显示器，用于播放庭审录像、忏悔录等视频资料，并放置《法律知识辅导读本》《开卷有益》等书籍，践行"惩治与教育并重"的司法理念。

加强羁押室建设，体现了人民法院对刑事被告人人身安全的人文关怀理念，是人民法院注重司法警察工作的一次重要举措，是法院向全面规范司法警察工作建设迈出的一大步。经过标准化改造后的羁押室有效提升了羁押刑事被告人的安全性及严密性，给司法警察的押解看管及刑事审判工作提供了安全保障。

第一节 看管场所的设置

看管场所的设置又称羁押场所的设置，设置看管场所是人民法院司法警察顺利完成看管任务的重要条件，安全合理的看管场所为人民法院的司法警察圆满完成看管任务提供了可靠的保障。

一、看管场所的含义

看管场所的设置教学课件

看管场所是人民法院的司法警察为了确保刑事审判活动的顺利进行，依照审判工作的需要，在刑事审判开庭审理的候审期间，依法对被告人进行临时性的看守和管理的场所。根据我国各地法院的实际情况和审判工作的实际需要，在司法实践中，看管场所可以分为固定的看管场所（候审室或者羁押室）和临时的看管场所。

看管场所作为法院司法警察为了保障刑事审判活动的顺利进行，履行看守和管理被告人警务活动的场所，具有特定性。在被告人候审期间，人民法院司法警察应当将被告人提押到看管场所进行羁押，无论是在人民法院内的羁押室，还是将其羁押到其他的指定场所，司法警察履行看管职责的场所只能在看管场所的范围之内。

由于人民法院的司法警察看管工作具有临时性，限于被告人被提押至人民法院候审期间，时间较短，看管虽然具有强制性，但是基于人民法院司法警察履行看管职责的临时性，看管场所与较长时间限制甚至剥夺人身自由的强制措施的羁押场所区别较大。例如，看守所是未决犯的羁押场所，即犯罪嫌疑人、被告人在被刑事拘留或者逮捕后，在法院审判结果出来前，被剥夺人身自由的法定场所。

看守所属公安机关管辖，司法警察在公安机关的管理下进行工作，看守所采用严密警戒看管的方式限制犯罪嫌疑人和被告人的人身自由，防止他们进行其他犯罪活动，以配合刑事诉讼的顺利进行；监狱则是已决犯的羁押场所，是武装看管已决犯的刑罚执行机关。监狱依照《刑法》和《刑事诉讼法》的相关规定，对判处死刑缓期二年执行、无期徒刑、有期徒刑的罪犯执行刑罚。在监狱中，对罪犯实行惩罚和改造相结合、教育和劳动相结合的原则，目标是将罪犯改造成为守法的公民；而看管场所则是在刑事诉讼中，依据刑事审判工作的需要，在被告人候审期间由司法警察对其进行临时的看守和管理的场所。

基于看管工作的临时性和不稳定性，在司法实践中，看管场所不具备诸如看守所或者监狱等固定羁押场所应当具有的结构良好、设施齐全和组织严密等适合执行的条件，因此，这对承担看管任务的人民法院司法警察提出了很高的要求。

二、看管场所的设置原则

基于看管工作的临时性，在司法实践中，对于看管场所的设置，虽然不能以看守所或者监狱等固定羁押场所的设立标准来进行衡量，但是设置看管场所必须充分保障人民法院的司法警察安全有效的履行看管警务职责，并有利于人民法院司法警察协助刑事审判工作，确保刑事诉讼程序顺利进行的作用。实践中，一些法院发生了候审的被告人脱逃等事件，往往是由于这些法院的审判法庭建设存在漏洞，法庭自身的安全设计还有安全设施等相关方面存在问题导致的。看管场所简陋、监控设施不完善是一个主要的因素，这也增加了人民法院司法警察执行看管工作的危险性。因此如何规范看管场所的设置是人民法院司法警察履行看管职责的首要条件。对于看管场所的设置，必须遵循一定的原则。

（一）安全防范的原则

安全防范的原则是看管场所设置的首要原则。在司法实践中，人民法院的司法警察在履行看管职责时，需要严密监视被告人的活动，防止其脱逃、自杀、自伤、行凶、串供、传递信件等；需要防止外来因素对被告人的干扰，保障庭审活动的顺利进行；需要对候审的被告人进行说服教育，制止其不当行为，配合审判工作顺利地进行。

同时，在看管过程中，人民法院的司法警察面对的是具有一定人身危险性的被告人，有的穷凶极恶实施犯罪，有的不择手段违反法律，有的本性难改多次犯罪。司法警察在履行法定职责中，将承受着方方面面的压力，需要保持高度的警惕性，随时准备应付在看管过程中由于各种不稳定因素可能引发的危险后果。因此，看管场所的设置必须以看管工作的安全防范需求作为首要原则，从而配合人民法院司法警察履行看管职责，为看管工作顺利进行创造必要的条件。具体来说包括三层要求：

1. 看管场所的设置应当保障在整个开庭审理的过程之中不会发生会影响到候审被告人出庭参加诉讼的情况，尤其要防止发生候审被告人脱逃的重大事故。

2. 看管场所的设置应当能够保障被告人的人身安全，使之顺利参加诉讼，防止候审被告人遭受外来因素的影响。例如，没有被抓捕归案的共同犯罪人为了杀人灭口而企图杀害被告人；被害人的家属或者亲友对被告人的侵袭或者被告人自伤、自残等情况的发生。

3. 看管场所的设置应当能够应对看管过程中各种突发事件的发生，确保人民法院司法警察和被告人的安全。

（二）方便看管的原则

人民法院的司法警察履行看管职能，与人民法院的刑事审判工作紧密相连，是隶属于整个刑事审判工作的配套工作之一，由于看管工作是人民法院司法警察执行刑事审判警务保障工作的一个环节，期限限于被告人候审期间，因此为了保障刑事审判活动的顺利进行，应当在确保看管活动安全的前提下，提高看管活动的效率，看管场所应当建立在审判法庭的彼邻或者附近，以满足司法警察执行看管任务的需要，方便被告人出入法庭。同时看管场所的建设应当纳入整个法院建设之中，合理规划羁押室、法庭、司法警察值班室等不同用房的位置，在方便被告人参加诉讼的同时，也有利于司法警察掌控整个看管过程。

（三）全面监控的原则

由于看管工作针对的是具有一定人身危险性的刑事被告人，时间具有临时性，被告人在候审过程中心理往往起伏不平，在案件审理之前，他们离开原来固定的羁押场所变换为看管场所，心理容易产生波动；在案件审理过程之中，基于案件性质、情节等因素易引起他们心理变化，而案件审理后对于判决结果与预期之间的落差更容易带来被告人心理的变化，这种不稳定性很容易导致看管对象行为的反常，对于执行看管任务的司法警察而言，更是艰巨的挑战。

由于看管任务是一项风险性很大的警务活动，因此除了需要由掌握专业知识和具备专门技能的司法警察担任执勤，对候审的被告人配置人工监管外，还需要看管场所提供过硬的硬件设备，配备必要的监控设施，方便司法警察从多方面和多角度了解看管的动态，借助科学手段圆满完成看管任务。监控不仅仅是提高看管警务的综合效益，实现看管活动现代化的需要，而且鉴于看管活动要求司法警察注重保护被告人的合法权益，严禁对被告人打骂、体罚和虐待，监控对于执行看管活动的司法警察起到了有效的监督作用，也方便上级机关对看管场所进行监督，发现违规情况及时进行纠正。

因此，随着视频摄像技术的迅猛发展，看管场所应该以此为契机，加快高清视频监控系统的更新换代,做到高清晰度,无死角,预警系统完备,信息共享度高的视频监控系统。

(四)注重实效的原则

规范合理的看管场所为人民法院的司法警察履行看管职责提供了可靠的警务保障,有利于司法警察发挥保障刑事审判工作顺利进行的职能。在司法实践中一些法院的硬件条件差,装备设施落后,例如,羁押室没有专用的厕所,在通风窗设计、门禁设计上存在问题,押解没有专用通道等,都是诱发刑事被告人在候审期间脱逃事故发生的重要原因。

因此,各级法院应当充分认识到当前人民法院执法办案环境的复杂性、严峻性和危险性,高度重视看管场所的设置,把羁押室等看管场所的建设纳入法院整体建设之中,努力建成坚固的、管理规范化、设施标准化的羁押场所,不断提高法院的警务保障能力。同时,在看管场所设施配置上,应当注重体现尊重和保障人权,保障犯罪嫌疑人合法权益的理念,不断优化羁押设施,增进司法人文关怀。

但是,由于我国目前各个地方的经济发展水平还不平衡,发展实力有差距,在司法实践中,各级法院的看管场所建设水平有高有低,而看管场所的建设涉及面比较广,所面临的困难在短期很难完全解决。因此,看管场所的建设投入也要和本地区的经济发展水平保持一致,法院应当根据实际情况,量力而行,注重实效,逐步改善看管场所等设施水平。

三、看管场所的设置标准

(一)看管场所选择的地方要以审判法庭为中心,羁押室和司法警察值班室要一体化建设

由于人民法院司法警察履行看管职责是为了协助刑事审判工作,确保诉讼程序顺利进行,因此司法警察对于候审的被告人进行看守与管理的看管场所,在选择地址上要以审判法庭为中心。从安全和方便的角度考虑刑事审判法庭[1]、羁押室、司法警察值班室一体化的结构,候审被告人能够在这个相对封闭的空间内安全的出入审判庭,有利于司法警察在执行看管任务的时候,减少与外界因素的接触,从而提高看管场所的整体安全效能。

---

〔1〕 这里的刑事审判法庭是指在人民法院的审判法庭建设中,专门为刑事案件审判所设置的审判法庭,基于其审判的是刑事被告人,因此刑事审判法庭有着不同于民事或者行政审判法庭的特殊性:如设有被告人席,设有专门的被告人通道,设有法官(检察人员、律师)通道,装有安全栅栏的门窗,封闭式的墙体等。

（二）羁押室结构、设施设备和监控要牢固安全

由于看管警务针对的对象是在押的刑事被告人，他们具有一定的人身危险性，为了保障刑事审判的顺利进行，要求看管场所在设置标准上应当以安全牢固为首要的标准。

具体包括：羁押室整体结构安全，即羁押室的墙体、房顶、外墙等房屋构成的各个部分及其组成的空间应具备防止自然灾害、适合居住及防止逃跑等基本要素。

羁押室内部基本结构安全牢靠，即羁押室房屋内部空间的构成部分如墙面、顶面、门窗、地面等坚硬牢固；当然设立羁押室也应考虑被告人采光通风等正常的生活需要，从安全的角度设计，只能设计一个出口，而且羁押室内外门关闭以后能够形成一个整体。

羁押室内部基本设备和监控设备牢固安全。即羁押室内部设施以及监控设备的设置不会对候审被告人造成伤害，候审被告人不能利用这些设备妨碍看管工作的顺利进行。

（三）羁押室和法庭之间的联系通道要独立安全

由于被告人在开庭审理期间的活动空间主要包括羁押室、审判法庭和进出通道三个地方，因此作为联系羁押室及法庭的通道必须是专用通道[1]，拒绝一切无关人员的进出。司法警察通过专用通道将被告人从看守所提押到羁押室等待开庭，法院审判人员下达开庭指令后，司法警察押解被告人，通过专用押解通道进入审判法庭，这就防止了犯罪嫌疑人在进入法庭前与其亲属或他人接触，有效减少看管的过程中各类警务事故的发生，给刑事审判工作提供安全保障（如图10-1、图10-2）。

图 10-1　被告人专用通道

---

[1] 按照住建部、国家发改委《人民法院法庭建设标准》（2010年11月1日施行）相关规定，人民法院审判法庭建筑应分别法官专用通道、被羁押人专用通道和其他人员的公用通道，保证各类人员各行其道，避免人流流线交叉。

图 10-2　专用押解通道

第二节　看管场所的要求

看管场所的设置是人民法院刑事审判工作正常进行的一项基本条件,也是法院审判法庭建设的重要组成部分。在司法实践中,根据各地法院的实际情况和刑事审判工作的实际需要,将看管场所分为固定看管场所(或称羁押室或者候审室)以及临时(或称指定)看管场所两类。

一、固定看管场所的设立

看管场所的设置要求教学课件

所谓固定看管场所(或称羁押室或者候审室),是指设在人民法院内部与审判法庭相配套的、专门关押候审被告人或犯罪嫌疑人的场所,又称羁押室或者候审室。

(一)设立标准

固定看管场所的设置应当以确保安全,方便审判,方便司法警察、被告人出入,可实施监控等要求为设立标准。具体而言,主要包括:

1. 羁押室要门顶封闭。同时,应考虑被告人采光通风等正常的生活需要,从安全的角度设计,羁押室只能设计一个出口,而且羁押室内外门关闭以后能够形成一个整体。

2. 羁押室的内墙内顶要平整安全。从立案侦查到检察院提起公诉、最后到法院接受审判，被告人心理往往处于不稳定的状态。在候审期间，可能会出现被告人在犯罪后幡然醒悟觉得无脸面对他人或者害怕受到刑事责任的追究等情况，故而自伤、自杀。如果羁押房墙面有突起的地方，很容易给想自伤的被告人提供机会，他们可能用身体去碰撞以寻求自己所谓的"解脱"。如果发生这样的情况，必然会影响刑事审判工作的顺利安全进行。因此羁押室的内墙应当平整安全。

3. 羁押室应与法警值班室、候审被告人通道三位一体建设。这种布局可以将司法警察执行任务和方便被告人出入法庭结合起来，尤其有利于看管和值庭工作的衔接，减少工作交接中的失误，同时减少不安全因素的干扰，保障看管工作的顺利进行。

（二）设立具体要求

一般而言，人民法院在建设审判法庭的时候必然会考虑羁押室的建设。按照最高人民法院对设立羁押室或者候审室的具体要求与原则，结合我国各级法院的实际情况，从保障刑事审判工作顺利进行的角度出发，羁押室或者候审室的设立应当符合以下要求：

1. 设立羁押场所应当便于司法警察押解的专用囚车等车辆的进出。人民法院在进行法院建设的时候，应当为羁押室配套建设好安全可靠的专用囚车车库，专用的囚车车库应当是封闭式的并且和羁押室相邻，这样能够在相对封闭的环境下让被告人或者罪犯上下囚车，以避免发生被告人脱逃或者遭遇来自外界的危险，例如，被告人或者罪犯亲友等抢夺被告人，攻击担任押解任务的司法警察，或者被害人的家属或亲友对被告人或罪犯的侵袭等警务事故的发生。

2. 设立羁押场所应当靠近审判法庭，以审判法庭为中心，采取审判法庭、羁押室和看管值班室一体化建设的结构。羁押室的选择以审判法庭为中心，体现了司法警察押解和看管职能服务于刑事审判，并为刑事审判工作顺利进行提供警务保障。

羁押室应当有专门的被告人或者罪犯通道与刑事审判法庭相通，这一通道专供司法警察押解被告人或者罪犯时使用，其他人员包括法官、检察人员和律师以及旁听人员不能入内[1]。

羁押场所还应当设立看管值班室，保障看管的司法警察有专门的房间或者空间。值班室内应当备置看管登记簿，配备监视屏幕、警械具、手机等物品的存

―――――――――

〔1〕在刑事审判法庭建设时，除了设置专门的被告人或者罪犯通道之外，还应当设立法官、检察人员或者律师的专用通道（法官和检察人员专用通道可以合一建设，律师通道和法官、检察人员的通道一般来说都是分开的）以及旁听人员通道和其他人员通道。

放柜。

3. 设立羁押场所应当建立相互独立的羁押室，以方便对男犯和女犯及成年犯和未成年犯分别关押看管。依据最高人民法院对于设立羁押室的具体要求和设立原则，各级人民法院应当按照审判工作的特点和实际情况，设置4间以上的囚室[1]（如图10-3）。

图10-3 独立的羁押室

羁押室与外界之间应当设置总门，关闭后可以与外界隔离，以强化隔离和警戒的作用。

羁押室应当通风、采光、隔音，能够防潮、防暑、防寒和防止火灾以及其他自然灾害。

羁押室不应有安全隐患。羁押室周围的墙面或者顶面不能留有窗口，内墙应当平整，室内没有凸出的阳角和明柱。墙面不能有任何可供攀爬的凸起，防止犯罪嫌疑人的畏罪自杀、行凶、逃跑等情况出现。羁押室门可以采取栅栏式铁门，以便于空气流通，预防不测，也有利于司法警察的巡查和监控，并且铁门应当安装专用的保险装置和门锁。

羁押室内应当配置必要的安全设施。羁押室应当安装束缚椅或者被告人固定座位，座位上应当安装手铐、脚镣固定环。羁押室的墙体、门、隔离栅栏和被告人座位等应当进行软包装处理，以防止被告人或罪犯自杀、自伤、自残的时候对其身体造成伤害（如图10-4、图10-5、图10-6、图10-7）。

---

[1] 最高人民法院规定一般的基层法院应当设置4间以上的囚室，没有规定上限。在司法实践中，一些基层法院，由于被告人案件较多，为了方便押解和看管工作，在刑事审判法庭均配有羁押室，并在其中设置数量较多的囚室，有的基层法院设立的囚室可以达到20间到30间。

图 10-4 羁押室软包装墙体

图 10-5 墙柱的软包装处理

如图 10-6 羁押室内束缚椅

如图 10-7　羁押室内部

羁押室的照明设施应当安全。羁押室内应当采取弱电照明（如图 10-8）。照明设施采用隐藏式或者防爆灯具，灯具应当置于被告人无法触及的位置，电源线应当无外露，电源开关应当置于羁押室外。

羁押场所应当配备专用厕所，设置蹲式便池，配备必要的消毒设施；卫生间门应当是半敞开式结构，墙面不能留有窗口，卫生间没有凸出的阳角（如图 10-9）。

图 10-8　羁押室内弱电照明

图 10-9　羁押室内专用厕所

羁押室应当设置独立的监控房间。监控房间应当配备必要的通信、监控、报警设备，可以监控所有的囚室、巡查通道、进出口通道等。监控室除了执行看管任务的司法警察和设备的维护和操作人员之外，其他人员不能随意进入。负责执行押解任务的司法警察在完成任务交接之后，应当撤离羁押室，不能在羁押室内随意逗留，以免影响负责看管工作的司法警察执行看管任务（如图10-10）。

图 10-10　羁押室监控

二、临时看管场所的设立

临时看管场所是人民法院因为审判工作的实际需要，在人民法院之外的临时审判场所附近所设立的临时羁押被告人或者罪犯的场所。审判公开是刑事审判的一项基本原则，人民法院为了提高案件审理的透明度，扩大案件审理的社会效果和积极意义以及配合法制宣传教育和社会治安综合治理的需要，有的时候会对一些具有一定社会影响力和教育意义的案件进行巡回审判[1]、公开宣判。因此司法警察需要将被告人押解到基层企事业单位、学校或者社区等地点，进行公开开庭审判。由于这些审判场所本身一般不具有固定的羁押室可供司法警察羁押看管被告人，因此需要设置临时的羁押看管场所，以保障候审被告人安全的参加开庭审理，满足审判人员审理案件的需要，确保审判工作顺利进行。

由于临时看管场所相比较于法院内部的固定羁押室而言，在安全保障、警力配置以及监控设备配备等方面存在很大的差距，对司法警察执行看管任务也是很大的挑战。

因此，为了保证刑事巡回审判及公开宣判的正常进行，保证公平正义，人民

---

[1]　巡回审判是指人民法院的派出法庭在所辖区域内定期或者不定期的巡回流动，选择案件发生地、当事人所在地或者方便群众旁听的地点开庭审理案件。就刑事审判而言，巡回审判虽然不在法院固定的审判法庭上进行，但整个流程仍然严格遵循《刑事诉讼法》的相关规定进行。

法院的司法警察应当综合考察案件的性质、审判规模以及周边的环境和当地的条件等等因素，在确保安全的前提下，根据当时的地理条件和羁押条件，因地制宜地选择最佳的地点设置临时的看管场所。具体而言，包括以下几个方面：

（一）临时看管场所设立首先要考虑尽量靠近审判区，以方便人员的进出和警戒

临时的看管场所应当尽可能地选择靠近审判区和厕所，以便传讯被告人或罪犯，方便押解囚车的进出，利于安全警戒。靠近审判区，是为了让负责押解的司法警察能够在较短的时间内将被告人或者罪犯押解到临时的法庭接受审判；靠近厕所，是为了在看管期间，一旦被告人或者罪犯需要上厕所，不需要走较长的路途解决此问题，避免出现因为路途较远，在上厕所环节出现被告人脱逃等安全隐患。临时看管场所的设立应当在便于囚车出入的地点，以防止出现被告人或者罪犯家属、亲友拦截车辆，围阻纠缠。临时看管场所不能设立在开放式的广场、闹市区和市场等地点，因为这些地方人来人往，不利于司法警察执行安全警戒。

（二）临时看管场所应当选择安全可靠的封闭房间作为羁押被看管人的临时羁押室

临时看管场所内用于羁押被看管人的房间，应当选择窗户比较少、门窗坚固牢靠、室内没有杂物、容易看守管理和警戒的房间。应当尽量选择相对封闭的房间，这样司法警察监控的范围相对较小，目标缩小，扩大安全警戒和监控范围，也防止被告人可能会借机翻爬屋顶脱逃等警务事故的发生。作为羁押被看管的被告人的房间，内部设施应当尽量简单，只需基本的座椅（要求固定）即可。作为监控的设备也不能放置在房间里，应当交由执勤的司法警察负责看护。

当然，在司法实践中，短期内很难找到完全满足各种安全防范条件的适宜看管的房间，但是司法警察不能因此放弃必要的安全要求，而应当以饱满积极的心态投入到警务保障工作中，时刻保持高度警戒，提高对临时看管场所的安全防护标准，防止各类警务事故的发生，为刑事审判的公开进行提供可靠的保障。

（三）临时看管场所设立应当注意远离危险物品和存在安全隐患的场所

基于看管工作安全的实际需要，临时看管场所应当避开群众进出通道，避开易燃易爆、高压电器以及其他危险物品。临时看管场所的选择，在安全标准更应提高安全要求，应当尽量排除各种不稳定的因素，尤其是当存在上述危险物品和物体，更应当坚决避开，切实保障看管任务的安全执行。

（四）可以将专用囚车作为临时羁押场所的应急场所

在以上条件都不具备的时候，如果没有合适的临时羁押场所，还可以考虑使用专用囚车来临时替代。

在使用囚车作为临时的羁押场所的时候，应当将车辆集中靠近审判区域的专

用停车位，如果没有专用停车位，应当划定临时停车位。囚车的驾驶人员必须严阵以待，不能离开驾驶室。任何无关人员不能上囚车。

为了防止出现围观群众以及被告人或者罪犯的家属亲友围阻纠缠，袭击专用囚车，囚车的周围应当设置警戒，执行看管任务的司法警察不能将全部警力都集中在囚车的车内或守候在囚车旁，应当分配必要警力进行巡逻，负责对囚车周围进行安全警戒。

作为临时的看管场所，囚车自身应当具备相应的专门防护系统和监控系统，具有良好的性能和较高的防护能力。此外，使用专用囚车作为临时的看管场所是一种应急措施，对司法警察执行看管任务提出了更高的要求，人民法院应当配备充足的警力，必要的时候还可以借用当地的公安或者武警人员协同执勤。由于囚车是临时羁押场所的应急场所，对于被告人或者罪犯人数较多，看管时间较长的看管任务，不适用囚车作为临时看管场所。

思考题

1. 看管场所的概念是什么？看管场所的设置原则有哪些？
2. 符合看管安全要求的羁押室需要具备什么具体条件？
3. 如何选择和设置临时的羁押场所？

第十一章 看管的组织实施

学习目标

通过本章的学习,能够掌握看管前准备工作的内容;理解看管警力配备的原则、数量和方法;掌握看管勤务的组织实施流程及注意事项;领会看管中的情况处置。

学习重点

羁押场所看管前的准备工作;固定羁押场所看管中的组织实施,看管中的情况处置。

【本章引例】

×年5月8日,×省省会城市中级人民法院接到刑庭通知,5月18日将开庭审判"×××"案件(王×、郭×、任×等三人在执行公务中造成被害人死亡案)。由于该案件社会反响大,法警支队领导向主审法官了解了被告人、被告人家属、被害人、被害人家属的基本情况及参与旁听的相关人员的情况,得知本案被告人涉及三人,被害人已死亡,家属反应激烈,社会反响较大,开庭审案时间将历时一周,且被告人在看守所期间情绪不稳定。由于该案件的特殊性,法院法警支队的领导对这起案件非常重视,本着"高度重视、精心组织、明确责任、确保安全"的原则,切实做好警务保障,制定了"×××"案件庭审警务保障方案,成立了以当地公安局党委委员×××、治安支队支队长×××、中院党组成员×××、中院法警支队政委×××为领导小组,145名民警参加的警务保障队伍,设置押解组、看管组、安全检查组、内围警戒组、外围安全稳控组、后勤保障组,明确人员分工,并根据案件的性质和预判,制定了突发事件处置预案。

第一节 看管前的准备工作

在刑事审判活动中,通过看管警务的组织实施,预防、制止妨碍刑事审判活动的违法犯罪行为,保障审判活动顺利进行。看管警务的组织实施,主要包括以下几个组成部分:警务受领、安全检查、交接登记、监控管理等。看管警务任务主要在看管场所完成，根据审判工作的需要和人民法院司法警察工作的实践，执行看管任务的羁押场所，一般分为固定羁押场所和临时羁押场所。

一、固定羁押场所看管前的准备工作

看管前的准备工作教学课件

（一）警务受领

司法警察部门根据案件承办部门的用警申请，明确执行看管警务的人员，并指定看管警务负责人。

（二）警务准备

1. 熟悉庭审情况。通过案件承办部门的用警申请等材料，了解庭审时间、庭审地点、基本案情、社会影响、承办法官及联系人等。

2. 熟悉案件情况。通过用警申请、提押票、起诉书或判决书等法律文书了解案情和被告人的基本情况（姓名、性别、年龄、民族、案由、数量等），也可以通过案件承办法官、看守所民警等相关人员了解被告人的在押表现、健康状况、涉及罪名，以及案件旁听人员等情况，从而对被告人进行风险评估和隐患的分析研判，可以设定低、中、高、超高四个等级，根据风险评估等级，对于被告人人数较多或者重大案件的警务保障，应当制订相应的警务方案，为顺利完成看管任务，庭审工作的顺利进行奠定稳定、安全的基础。

（三）制定警务方案

根据《刑事审判警务保障工作规则》的规定，对于被告人人数较多或者重大案件的警务保障，司法警察部门应当制订实施方案。实施方案应当包括组织指挥、警力部署、突发事件预防处置措施、勤务保障等内容。

根据庭审时间、地点、规模、案情、被告人基本情况、场地条件、社会影响及旁听人员等因素，由司法警察部门领导或看管警务负责人制定警务保障实施方案，科学安排警力，明确职责分工、装备配备等。

通常情况下，被告人人数较多、社会影响重大、案情比较复杂的案件应当制订书面看管警务保障实施预案。预案中要明确看管的组织领导、看管对象、任务、要求、看管警力数量、分工、看管场所、装备配备、后勤保障、安全防范措施、突发事件处置原则和方法等。预案内容主要包括：

1. 组织指挥。根据《刑事审判警务保障工作规则》第 4 条的规定，各级人民法院院长、分管司法警务和刑事审判工作的院领导应当加强对警务保障的组织领导。一般可由院领导或司法警察支队、大队领导或者是由较强责任心和业务素质能力强的中队领导担任看管任务的组织指挥，看管警务负责人负责看管警务保障的组织与协调，确定司法警察任务分工及协作计划，指挥紧急情况的处置。

2. 警力部署。根据案件性质、羁押场所的具体情况、被告人人数和危险程度等情况配备相应看管警力，对一名被告人的看管一般应当配备不少于两名司法警察。对女性被告人应当由女性司法警察执行看管；重大案件、可能被判处较重刑罚的被告人、社会影响较大的案件应当增加警力。确定负责被告人进出登记的司法警察，监控设备操作人员、安全检查人员和巡查人员。

3. 装备配备。执行看管警务保障任务的司法警察应当配备警械具，包括：手铐、脚镣、警绳等约束型警械具，警棍、警棍、催泪喷射器、防爆钢叉、防暴盾牌、防爆头盔等制服型警械具，以及手持式金属探测仪、警笛、对讲机、执法记录仪等警用装备、通讯器材。根据案件情况和被告人风险等级，可以配备手枪、防暴电击枪等武器。

为了应对被告人突发疾病及自杀、自伤以及其他危害行为，应当配备医药箱或急救包等救护用品。

4. 勤务保障。根据《刑事审判警务保障工作规则》第 4 条的规定，审判、办公室、行政装备等部门应当会同司法警察部门做好警务保障工作，对其职责范围内的协调配合、安全防范等工作负责。第 5 条的规定：上下级法院司法警察部门之间应当建立警情通报（报告）机制，及时沟通共享相关案件信息和警务保障情况。所以，看管任务负责人根据需要，指定专人负责与司法行政装备管理部门沟通协调，做好警务保障活动期间的食宿安排、车辆调度等后勤保障工作。同时按照案件涉及的被告人数量、性别、健康状况、风险等级等因素，准备好囚室。如果被告人人数已经超过了羁押室内的囚室数量的，或出于案件的特殊性，为了有利于庭审的安全保障，被告人需要在羁押室以外关押的，司法警察队领导则要科学决策，确保看管工作能够顺利进行。

5. 准备好看管登记簿和看管情况记录本。负责看管的司法警察应准备好看管登记簿，对看管情况应认真、及时、如实、详细的进行记录，依法、依规履行看管职责。

6. 突发事件处置预案。明确看管过程中各种突发事件应急处置的职责分工、处置程序和处置方法。

（四）任务分配

执行看管任务的负责人应当向看管司法警察进行任务分配，责任到岗，责任到人，同时要向司法警察介绍任务基本情况（包括基本案情、被告人基本情况、社会影响度、注意事项、突发事件处置等内容），明确每一名司法警察的具体职责和工作要求，并进行战前动员，统一思想，规范行为，凝聚战斗力。

根据任务分工，司法警察到警用设施管理部门领取装备和武器，并检查警用装备和武器是否处于良好状态。

（五）安全检查

司法警察执行看管任务之前，应当提前对羁押场所、周边环境，以及设施、装备和被告人进行安全检查。具体包括以下几个方面：

1. 从羁押场所的设置来看，应符合确保安全、方便审判、利于监控，便于被告人出入审判法庭等要求。应设有专门通道、总门、囚室（软包囚室、普通囚室）、值班室（监控室）、巡查通道、厕所等。

2. 专用通道检查。检查羁押室内被告人专用通道是否安全，是否通行顺畅，是否有杂物堆放，若有阻碍庭审、看管任务的安全顺利执行情况，要在执行看管任务之前清除，确保看管任务的绝对安全。

3. 总门、囚室、值班室、巡查通道、厕所检查。羁押场所应建立若干相互独立的囚室；羁押场所、囚室内严禁存放与羁押、看管无关的物品；羁押场所与外界之间由总门隔断，检查羁押场所的总门是否正常开闭，门锁是否良好；羁押室周围墙面或者顶面不能留有窗口，内墙要平整，室内无突出阳角和明柱。囚室门可以采用栅栏式铁门，铁门应当安装专用的保险装置和门锁，检查铁门隔离栅栏是否牢固，门锁和保险装置是否正常、良好。羁押场所配备专用厕所，一般为蹲式便池，配备必要的消毒设施，卫生间门为半敞开式结构，墙面不留有窗口，卫生间内无突出阳角，厕所内不得有危险物品和障碍物，被告人如厕时，能处于司法警察的有效控制范围内。值班室内应当配备监视屏幕、警械具、手机等物品的存放柜，备置看管登记簿。

4. 羁押场所内配置检查。羁押场所内配置必须有必要的安全设施，羁押室内应当安装束缚椅或者被告人固定座位，座位上应当安装手铐、脚镣固定环；检查束缚椅、被告人固定座位是否良好，手铐脚镣固定环是否牢固；羁押室的墙体、门、隔离栅栏和被告人的座位应当进行软包处理；羁押室内消毒等。

5. 监控设施的检查。检查整个监控设备是否正常运行，对外通讯设施、设备是否能够正常使用。

6. 囚室的门窗及通风、采光、隔音状况检查。对关押被告人囚室务必要进行彻底的安全检查，首先要检查囚室的门窗是否安装有安全牢固的铁栅栏，除此之外还要检查囚室的通风、采光和隔音状况。

7. 照明设施安全检查。羁押室内应当采取弱电照明，照明设施采用隐藏式或者防爆灯具，灯具应当置于被告人无法触及的位置，检查羁押场所特别是囚室内电源和照明用具是否安全可靠和正常使用，照明用具是否采用了低压电源，灯具是否固定并设有防护罩且是否置于被告人无法触及的位置；电源线是否外露，电源开关是否置于羁押室外等。

二、临时羁押场所看管前的准备工作

临时羁押场所是人民法院因审判工作的实际需要，在人民法院之外的临时审判场所附近设立的羁押被告人的场所。临时羁押场所与固定羁押场所相比，在安全保障、监控设备等方面都有很大的差距。基于临时羁押场所的特殊性，除了要做好固定羁押场所看管前准备工作外，还要注意一些特殊环节，着重把握以下方面：

（一）前期准备工作

设立临时羁押场所，应根据案件性质、审判规模、周边环境，在确保安全的情况下，因地制宜，选择最为安全的位置设立。临时羁押场所要尽量靠近审判场所，尽量选择安全可靠的房间作为羁押室，无窗户、窗户少、门窗安装防护栅栏、室内无杂物的房间，易于看守管理。

不能将被告人关押在具有重大安全隐患和无安全保障的场所内，尽量避开群众进出通道，避开易燃易爆、高压电器和其他危险物品。

专用囚车可做临时羁押场所的应急场所。无合适的临时羁押场所时，可用专用囚车临时替代。使用专用囚车做临时羁押场所时，应将车辆停靠在靠近审判区的专用停车位；无专用停车位时，可停放在临时停车位。驾驶员不得离岗，同时要增派警力，设置警戒、巡逻等区域。

（二）安全检查

由于临时羁押场所的特殊性，必须对其进行完全、彻底的安全检查。排除一切可能存在的安全隐患，除了按照固定羁押场所的安全检查标准参照检查外，还要注意以下几个方面：

1. 临时羁押场所通往审判法庭的通道是否畅通，沿途是否存放危险物品或与羁押、看管无关的物品，如有问题，提前清理。

2. 检查临时羁押场所的周边环境，包括附近的居民，要及时告知、讲明相关的事宜和注意事项及法律责任，稳定群众的情绪，必要时可请求当地的公安部门予以配合执行；加强外围警力配备，排除可能存在的安全隐患。

3. 检查临时羁押场所的水、电、网络是否正常运行，包括照明用具，水源设备等，确保其能安全、正常使用。

4. 对所有被告人进行人身安全检查，包括随身物品以及警械具，主要采取手持金属探测仪与徒手检查相结合的方式进行。如查出违禁品，应及时收缴，并报告看管负责人，检查工作要严格、仔细、认真，杜绝警务事故的发生。

第二节 看管的组织实施

一、固定羁押场所看管的组织实施

看管的组织实施教学课件

看管是司法警察在刑事审判中，依法对在人民法院羁押场所或其他指定地点候审的被告人进行看守管理，保障审判活动安全有序进行的职务行为。司法警察在固定羁押场所与临时羁押场所内执行看管任务，在具体的组织、实施方面是有很大的不同的。

（一）警力配备

1. 人数配备。司法警察应当根据案件类型、被告人人数、在押表现和危险程度等配备充足的看管警力，且要明确分工。对一名被告人的看管一般应当配备不少于两名司法警察；对有多名被告人的看管，应当适当增加警力；案情复杂、社会影响大的案件，对被告人的看管也应当适当增加警力；具体增加的警力以确保看管任务的顺利完成为原则。对女性被告人的看管，应当由女性司法警察执行看管。

2. 岗位安排。根据看管警力的配置情况，明确安排登记、监控设备操作、安全检查和巡查等岗位的人员，明确每一名司法警察的具体职责。

（二）交接、登记

将被告人从看守所提押到法院的羁押室时，负责押解的司法警察应当与负责看管的司法警察履行交接手续。

1. 清点人数，核对身份。履行交接手续时，执行看管任务的司法警察首先应当清点被告人数量、核对身份、了解基本情况、有无疾病、有无异常情绪，逐一登记被告人姓名、案由、身体状况等信息；登记完毕后，负责押解的司法警察和看管的司法警察应当分别签名，予以确认。

2. 出入登记，填写记录。被告人出入羁押室时，看管司法警察要对被告人出入羁押室的时间、被告人的姓名、人数以及押解司法警察的姓名等信息进行逐一登记，登记完毕后，由押解的司法警察和看管的司法警察分别签名，予以确认。

负责执行看管任务的司法警察，在看管期间，要认真、如实、详细地填写看管记录。

（三）分室看管

根据《刑事审判警务保障工作规则》第30条规定，看管期间，对需要分开看管的被告人实行分别看管，原则上保证一人一室，确保有效隔离。

1. 同案被告人，成年和未成年被告人，男性和女性被告人应当实行分别看管。

2. 根据案件性质、被告人实际现状等具体情况，以及其他需要分开看管的被告人实行分别看管。一般情况下，重大案件的被告人应当一人一室，有效隔离，确保看管的安全，庭审的顺利。

3. 女性被告人应当由女性司法警察执行看管。

（四）告知事宜

看管司法警察在执行看管任务的时候，应当对被告人使用规范的告知词。告知词的内容包括：

1. 被告人在看管期间享有的权利。

2. 被告人在看管期间应当遵守的纪律和规定。

（五）警械具的使用

根据《司法警察条例》《刑事审判警务保障工作规则》的规定以及司法实务中案件性质、被告人风险程度，司法警察可以依法使用警械具。

看管期间，如果看管场所安全保障条件比较好，能够保障审判活动安全有序进行，不至于发生被告人脱逃、自杀、自残等警务事故，看管司法警察对被告人可以解除戒具。但是，下列情形除外：

1. 对可能发生脱逃、行凶、自杀、自伤和其他危险行为的被告人，应当根据安全需要使用相应戒具。

2. 对未成年被告人一般不得使用戒具，但确有人身危险性的除外。

3. 对于暴力型、团伙型、涉黑、涉恶、涉毒等类型犯罪的被告人、有暴力倾向、抑郁的被告人应根据安全需要使用相应戒具。

4. 对于特别重大案件的被告人以及死刑犯、重刑犯、要犯，应当根据安全需要使用相应的戒具，并进行严密的看管。

5. 对于看管场所的环境、条件不能保障看管安全，存在安全隐患的，不得解除戒具。

（六）严密监控

在人民法院羁押场所或者其他指定场所候审期间，全面、严密、有效地监控被告人的举动以及羁押场所的各种状况，及时处置看管警务中发生的突发情况，确保刑事审判活动的顺利进行，是看管司法警察的重要职责和任务。因此，司法警察在看管勤务中，应当密切监控被看管对象的活动和羁押场所。

执行看管任务的司法警察应通过视频监控和现场监控对被告人和羁押场所监控管理。监控采取不间断巡视和监控设施监管相结合的方式。通过监视器等监控设备，严密监控被告人的举动，防止发生意外事件；密切监视各进出口，观察进出人员，发现情况及时处置。

巡查看管场所，检查羁押场所的门窗是否锁闭、牢固，被告人佩戴的戒具是否安全、有效，发现被告人在看管场所内有自杀、自伤、传递信息、携带违禁品、可疑物品等违章、不法行为时，要及时予以告诫并制止，同时要向看管负责人报告。

在候审期间，看管的司法警察应将被告人的戒具固定在手铐、脚镣固定环上，并通过视频监控和现场监控被告人和羁押场所进行监控管理。

为保证审判活动安全有序地进行，提高看管警务的安全性，有效地监督、控制被告人在看管期间的行为，防止各类警务事故的发生，羁押室或候审室应配备相应的监控设备并配有专门的监控人员。

监控设备是指用来实施实时观察前端所发生状况的设备，一般由摄像设备、传输设备、控制设备和显示设备四部分构成，常见的是电视监控系统。在羁押室或候审室的进出口、囚室、巡查通道等关键位置应加装监控设备，每间囚室至少要设置1个摄像头，还可以根据囚室被告人的位置，设置1个主要监控被告人的摄像头，再设置1个360度广角的球形摄像头（如图11-1），用以监控囚室全貌。

(图 11-1 360 度广角的球形摄像头)

1. 视频监控。看管警务中的视频监控，是指看管警务实施过程中，看管的司法警察使用监控设备，对被告人的举动和羁押场所情况进行的监控。对于一般性的案件，监控人员可由看管的司法警察兼任；对于重（特）大案件、多被告人的案件，应配有专人担任监控任务。

（1）监控被告人的动态。负责视频监控的司法警察使用监控设备，密切监控被告人的举动，发现异常情况应及时处置并视情况报告。

（2）监控羁押场所情况。密切监视羁押场所的各进出口和进出人员，发现异常情况应及时通知其他看管的司法警察。

（3）录制与保存视频资料。对于多被告人、社会影响重大、案情比较复杂等案件被告人的视频监控，应进行现场录像，并将录像资料保存备查。

2. 现场监控。看管警务中的现场监控，是指看管警务实施过程中，看管的司法警察在羁押场所的现场，对被告人的情况或行为、羁押场所安全进行监督和管理的活动。

（1）巡查监控。看管的司法警察应当采取不间断巡查和视频监控相结合的方式，严密监控被告人的举动，检查羁押场所的门窗是否锁闭、牢固，被告人佩戴的戒具是否安全、有效，被告人有无可疑行为。对于重大案件的被告人、死刑罪犯等人身危险系数较大的特殊关押人员，应当进一步强化、细化、优化看管措施，要保障看管任务的绝对安全。

（2）就餐监控。根据《刑事审判警务保障工作规则》第 33 条第 1 款的规定，如因看管时间较长等因素需要就餐，人民法院应当为被告人提供安全的食品。

被告人在看管期间就餐时，应当加强看管。同案被告人不得在同一场所同时用餐，要分别用餐，分时用餐。就餐的食物必须由人民法院提供，并留下小样，冷藏保存至少 24 小时。不得让被告人使用金属、陶瓷、硬塑料、玻璃、竹木筷子等可能存在安全隐患的餐具，用餐结束后，应该及时回收餐具、剩菜饭等，清点餐具数量，确保被告人没有私藏物品。不得让被告人食用带有动物骨头、鱼刺等硬物或油腻、不易消化的食物；对于患有糖尿病、高血压、高血脂等疾病，对饮食有特殊要求的被告人，以及有民族风俗、宗教信仰等特殊情况的被告人，应当尊重其特有的民族生活和饮食习惯，为其提供相应符合条件的食品。

（3）如厕监控。根据《刑事审判警务保障工作规则》第 32 条的规定，被告人如厕时，司法警察应当提前对卫生间环境进行检查，并对其实施有效监控。女性被告人应当由女性司法警察监控。因此，被告人如厕前，执行看管任务的司法警察应当事先查看卫生间的环境是否安全，卫生间内有无危险品及障碍物；执行看管任务的司法警察应当控制住被告人，然后分别抓住被告人肘部，将其押至卫生间；如厕时，其应当处于司法警察有效控制范围内，一名被告人应当由两名同性司法警察进行监管，女性被告人应当由女性司法警察负责监管，多名被告人同时要求如厕时，必须是前一名被告人如厕完毕押回羁押室后，方可将下一名被告人带出羁押室。

（4）特殊监控。

第一，对传染性病或者其他疾病被告人的监控。看管患有传染性疾病的被告人时，司法警察应当采取有效防护措施；对于患一般疾病的被告人，应通过看守所或主审法官了解被告人患病情况，准备好必要的药品；根据需要为被告人提供必要的辅助设备或者器械。

第二，对危险被告人的监控。对社会影响重大、犯罪情节恶劣或者有自杀、自残、脱逃倾向的被告人，应当加强看管。必要的话，可以采取远程审判，既能保证被告人的安全，也能保证司法警察的安全，降低各类突发事件发生的概率，从而保障审判工作的顺利进行。

（5）使用戒具监控。看管期间，对被告人可以解除戒具。对可能发生脱逃、行凶、自杀、自伤和其他危险行为的被告人，应当根据安全需要使用相应戒具。对未成年被告人一般不得使用戒具，但确有人身危险性的除外。看管期间一般使用手铐、脚镣等戒具。看管期间，一般不得接触被告人的戒具，

对一般性的案件，监控人员可由执行其他看管任务，如现场巡查的司法警察兼任，但在执行重特大案件、多个被告人案件等重大看管任务时，则应当指定专人专门负责监控任务，并将监控录像资料保存，待看管任务结束后，监控人员应当将监控录像资料交由司法警察部门领导或看管负责人，并将录像资料保存在司法警察资料工作库中以备查。

(七) 司法警察要严格遵守看管规定

执行看管任务的司法警察要严格遵守看管规定，遵守告知勤务，使用告知词，告知被告人在羁押期间应遵守的规章和纪律，同时告知被告人所享有的权利。在看管期间，司法警察要密切监控被告人的活动，不间断地巡查看管场所，未经批准，不得让被看管人以外的任何人员进入看管场所；不得给被告人带食品或其他物品；经审判长允许，可以给被告人带食品或其他物品，但所带的食品和其他物品必须符合有关规定和要求，并应当进行严格检查；不准其他人给被告人传递口信、信物；不得允许除押解司法警察以外的任何人将被告人提出羁押场所；不得准许任何人在羁押场所拍照、录音、录像和接受采访。当发现有不明人员接近看管场所时，要及时向看管负责人或司法警察队领导报告。

司法警察在执行看管任务过程中，不得向被告人询问或者谈论案情；不得辱骂、体罚、虐待或者变相体罚被告人；不得在羁押场所内谈论国家秘密和审判工作秘密；不得做其他与看管工作无关的事情。被告人在看管期间有检举、揭发要求时，应立即报告警队领导和本案法官，及时制作笔录和处理。

二、临时羁押场所看管的组织实施

临时羁押场所是人民法院因为审判工作的实际需要，在人民法院之外的临时审判场所附近设立的临时羁押被告人的场所，相比较法院的固定羁押室，在安全保障、监控设备等方面有很大的差距，很难达到固定羁押场所的安全标准。为了保障看管任务的顺利进行，在临时羁押场所进行看管的组织实施时，原则上要求按照固定羁押场所的安全标准来进行，例如：分室看管，安全巡查等。但是，如果实际情况条件不具备，执行看管任务的司法警察就要立足安全标准，结合被告人的情况和庭审工作的实际要求，因地制宜，因时制宜，原则与灵活相结合，围绕确保庭审工作的顺利进行，进行安排部署，组织实施。

(一) 警力配备

由于临时羁押场所的安全性和法院固定羁押场所的安全性相比而言，安全系数明显不足，故相比固定羁押场所的警力配备，需要更多的警力支援以确保看管任务的顺利完成。司法警察队伍的领导或看管负责人，在警力部署上，既要做到统筹兼顾，也要做到重点突出，适应特殊情形下的看管任务的需要，必要的时候，可以向上级人民法院请求调警，也可以向公安、武警部门请求支援，进行外围的防护和巡查。

在看管多名被告人时，可以采用多对一、面对面的看管方式进行；如果是多名被告人且不同性别，可以将司法警察分成两组，每组分别指定临时负责人，一组负责对男性被告人的看管，一组负责对女性被告人的看管。同时，要加强巡查警力的部署，加大巡查力度，在临时看管场所周围设立固定、流动、便衣岗哨。

（二）警械具的使用

相比较固定羁押场所的安全性，临时羁押场所的安全措施就明显薄弱很多，作为看管司法警察，如何能确保被告人的有效控制，则成为顺利完成看管任务，保障审判活动顺利进行的关键所在。

在看管期间，虽然可以解除戒具，但是在临时羁押场所执行看管任务的时候，司法警察应当充分使用警械具，发挥警械具的约束、制服、震慑作用，有效地控制、约束被告人，进而实现对庭审工作的安全保障，例如，不仅使用手铐、脚镣，还可以使用连体铐，并将被告人固定在某个具体位置上，如：桌子、立柱上等，但要注意确保固定位置的安全，防止发生被告人自杀、自伤、自残乃至脱逃等警务事故。也可以发挥束缚椅的作用，将被告人控制在束缚椅里。警械具数量不足时，也可以采用串铐等方式，既能有效地节约警械具的使用数量，也可以最大限度地发挥警械具的约束作用，有效制止被告人的不法行为。必要时，可以依法使用制服性警械具或武器，果断、有效地控制被告人。

（三）严密监控

在固定羁押场所的看管中，我们通常采用视频监控和不间断巡查监控相结合的方式，大大地增加了看管的安全性。但是，在临时羁押场所执行看管任务时，像视频监控这样的方式往往不能够充分地发挥其应有的作用，且加大了看管的风险，技防不足的时候，就需要加大人防，这就需要加大司法警察的看管力度，现场巡查频率要增加，巡查的力度要加强，机动警力要适当增加，必要时还要对看管环境和被告人不定时地进行安全检查，强调看管纪律，进行法制教育，进一步加强对被告人的看管、监控，发现问题、隐患，及时向看管负责人和主审法官汇报，确保看管任务的顺利完成。

在临时羁押场所执行看管任务时，要在临时羁押场所的外围增设警戒警力，白天可以以固定岗哨的方式设置；夜间除了固定岗哨外，还要设置流动巡逻岗哨甚至暗哨，以有效防范不法分子对临时羁押场所的侵袭，确保看管安全。

司法警察队领导和看管负责人要合理、规范地进行警力部署，制订突发事件预防和处置方案，保证司法警察有充沛的体力和精力，保持旺盛的战斗力；严肃、规范交接班手续，杜绝出现空岗、疲劳应战，及时、有效地处理突发事件，堵住安全漏洞。

第三节　看管实务技能训练

看管实务技能训练教学课件

一、交接

当押解司法警察将被告人从看守所提回人民法院，与看管司法警察履行完交接手续后，看管警务就开始了，具体交接程序见本章第二节看管的组织实施中关于交接、登记的部分。同时，为了更为安全有效地完成看管任务，看管司法警察还可以通过押解司法警察、案件承办法官、看管负责人等，了解被告人的健康情况，如有没有糖尿病、高血压、心脏病等；在看守所的表现，是否有暴力、抑郁倾向等；被告人犯罪的性质，如是否为暴力型犯罪、情感型犯罪、涉毒犯罪等；涉及的罪名等；从而对被告人进行风险等级评估，以更好地确定相应的看管手段和措施。

二、告知词

为规范人民法院司法警察依法执行公务，提高文明执法的能力，在执行公务时，应履行告知程序。司法警察履行告知程序时，应举止端庄、严肃、谨慎，先敬礼，根据执行公务的不同内容，进行依法告知。

首先告知：

"我是×××人民法院司法警察"。

在提押、看管被告人时：

1. "×××，根据×××人民检察院的起诉，×××人民法院将对×××一案进行审理，现提你到庭依法接受审判，请你配合。"

2. "×××，请你遵守法庭秩序，否则将对你采取强制措施。"

3. "×××，请你遵守人民法院看管规定，保持肃静，如有问题，请依法向人民法院提出申请。"

告知的内容一般包括：

（1）在羁押期间应遵守的规定和纪律。

（2）告知被告人可享有的权利。例如，被告人向司法警察咨询法律法规时，司法警察可告知被告人：人民法院会公正审判，被告人有向律师咨询相关法律法规的权利。

第四节 看管的情况处置

人民法院司法警察在执行看管任务过程中，应根据审判工作的需要，依法负责对被告人进行严密、有效的管理，防止被告人自杀、自伤、行凶、脱逃、串供、传递物品，以及劫持被告人等突发情况的发生，并承担着保证被告人安全及保障审判活动顺利进行的责任。一旦出现各类突发事件需要司法警察采取应急处置措施予以应对。因此，及时、有效地处置看管中的各种突发情况，对保障看管安全发挥着重要的作用。

被告人在被看管期间，受外界环境的影响、对案件本身的疑虑以及其他主客观方面的原因，容易发生情绪波动，从而做出各种异常行为，例如，自伤、自杀、自残、行凶、脱逃，或暴力威胁看管人员、不服从看管人员的正常管理等，企图逃避法庭审判和刑罚执行。另外，在庭审期间，被告人亲属也会产生会见被告人的想法，若得不到允许，会发生哄闹、谩骂司法警察的情况，影响法庭审判的正常进行和法院的正常工作秩序。还有些被告人由于自身疾病的原因，在特殊的情况下，突发疾病等。这时，执行看管任务的司法警察要第一时间控制局面，向警队负责人报告，启动突发事件应急处置预案，保存好执法记录仪的处置记录；保留好事件处置的过程证据，同时根据事件性质采取相应的措施。

一、被告人或亲属谩骂、哄闹事件的处置

看管的情况处置教学课件

遇有被告人哄闹、威胁或辱骂司法警察、其他诉讼人员或其他刑事被告人时，应当及时予以警告。当被告人的行为已经严重影响正常审判或看管工作时，在征得司法警察领导、看管负责人或检察、审判等案件承办人员同意后，可视情况对其使用警械具，强制其服从管理。

发生被告人谩骂、哄闹、侮辱、威胁司法警察或者其他刑事被告人、诉讼参与人时，司法警察应当采取训诫、制止、控制等处置措施，及时制止，保护受到威胁的相关人员的安全，先行稳定闹事人员的情绪，及时向司法警察部门领导汇报请示，在征得司法警察领导、看管负责人或检察、审判等案件承办人员同意后，可视情况对其使用警械具，采取强制措施。

对于被告人亲属谩骂、围攻、殴打看管人员，甚至冲击、闯入看管场所的，司法警察要迅速制止，积极稳控，说服教育，提出警告，防止事态扩大。同时，可做法律宣传，让其知晓冲击看管场所的后果和危害及可能面临的法律制裁，对带头哄闹的组织者或有严重过激行为的人员，可以依法采取强制措施。对严重危害公共安全的组织者、指挥者或行为人，移送公安机关依法追究其法律责任。

在临时羁押场所看管时，对不明真相的围观群众，要及时做好相关案件的释明工作，告知其违法行为应承担的法律责任，消除他们的抵触情绪，使其能够理解看管工作，引起他们对被告人人身危险性的警惕，进而主动回避，配合做好防范工作。当发生围观人员闹事时，要做好现场警戒，采取必要的强制措施及提取、固定证据等工作。与此同时，保护被告人等相关人员迅速撤离现场，并做好审判区域的隔离工作。迅速查明闹事者的身份和意图，对不听劝阻、违法行为情节严重者，依照指令对闹事人员进行隔离或依法采取强制措施。在劝说和制止无效的情况下，如果现场无法控制，事态不断扩大，应立即逐级报告，并启动突发事件应急处置预案，迅速调用警力，及时增援，加强现场警戒，平息事态，并对事发现场的状况及处置情况做好固定证据工作。与此同时，要做到外松内紧，强化看管措施，确保被告人不失控。

二、被告人企图行凶、袭警、脱逃事件的处置

遇有被告人企图行凶、袭警的，司法警察应迅速将其制服，收缴其凶器及其他危险物品，同时加强现场警戒。严密看管其他被告人，防止其借机脱逃或行凶，密切关注其他人员，防止发生意外事件；必要时，可依法使用警械具或武器。

遇有被告人企图脱逃的，司法警察要迅速采取措施将其制服，并对其严加看管。在采取一般措施不能制止的情况下，可鸣枪警告，仍不能制止的，可依法使用武器，对已经脱逃的被告人，应当及时加强戒备，报告领导，组织司法警察追捕。必要时，可寻求公安、武警的支持，协同抓捕。

对于受伤严重的被告人，应及时送往医院救治；对其他伤员，及时送医救治。在送医救治的过程中，应加强监管，并做好取证、固定证据的工作。

三、被告人自伤、自杀或伤害他人事件的处置

司法警察应立即采取相应措施控制被告人，加强戒备，防止自杀、自伤，或

伤害他人的事件发生；收缴其凶器或者其他危险物品，将被告人分别看管，提高看管等级。

如果已经发生伤害后果的，根据被告人的受伤程度采取相应的救护措施，防止伤情进一步加重，从而影响审判活动的顺利进行。若伤情比较严重，需请示看管负责人、警队负责人、法院领导，经批准后，送医治疗。在送医治疗的过程中，司法警察要加强看官和现场的警戒，防止意外事件的发生。要加强看管区域与审判现场的警戒，维护与监控羁押场所进出法庭的通道以及审判现场的秩序，防止发生混乱。同时向应急处置领导小组报告，应急处置领导小组应当派人赶赴现场支援，协助抢救伤者，做好现场警戒，启动突发事件应急处置预案，实施进一步的处置。现场态势严重、情况紧急的，可启动联动机制，保护好现场，并做好提取、固定证据的工作。

四、被告人突发疾病的处置

如遇被告人突发疾病，司法警察应当立即向审判长或独任审判员报告，并协助采取必要的救护措施。被告人在看管期间，如果出现身体不适，甚至突发疾病的，司法警察应当采取相应的措施，给予相应的救护。

询问、了解被告人的身体不适情况，确认是否可以继续参加开庭，如果不影响开庭可以继续参加庭审，并要加强看管，密切监控，同时将被告人情况反馈给执行押解任务和还押任务的司法警察以及看管负责人，并做好看管记录。

如果被告人身体不适，情况严重，或突发疾病，不能正常参加庭审活动，看管司法警察要及时报告看管负责人，同时采取必要的救治措施，情况严重、紧急的，及时拨打120急救或报经领导批准后，送医治疗。送医救治过程中，司法警察要加强看管和现场警戒，防止发生其他意外事件。

如果遇有被告人突发疾病，要及时抢救，尽快送医治疗，尽量避免因突发疾病而导致非正常死亡。与此同时，应逐级向应急处置领导小组报告，实施进一步处置，并提高警惕，甄别突发疾病的真伪，防止其他意外事件的发生，确保看管的安全。

五、被告人需要就餐情况的处置

被告人在被看管期间如需要就餐的，应严格在看管人员的监控下进行。看管司法警察应严格控制食品来源，严禁有毒、变质及不易消化的食品流入，避免食用带有骨头和鱼刺等容易伤人的食物以及凉拌菜等，并控制菜的油量，防止饮食后出现不适。同时，要了解被告人的健康情况，忌口饮食，避免出现意外事件。

如果用餐后出现异样情况，要迅速了解被告人的身体反应，及时妥善处置。

情况严重的，拨打120急救或送医治疗，并及时向看管负责人、警队领导报告，同时做好餐食的样本留存，做好提取、固定证据的工作。

六、遇有被告人亲属要求会见、递送食品、钱物和传递口信的

对于被告人亲属不服从看管人员管理，强行要求探视、会见、递送食品、钱物和传递口信的，应告知被告人亲属，按照规定不允许会见被告人、递送食品、钱物、传递口信；发现被告人有传递信息、串供、携带可疑物品等行为的，应当果断先予处置，并及时向司法警察部门负责人、审判长或者独任审判员请示报告，根据命令或者指令采取进一步措施。告知过程中，应当使用文明、规范用语，不得对被告人亲属进行训斥。可以告知被告人亲属可以将有关物品送至看守所或者其他监管机构后转交给被告人。

七、遇有被告人有检举、揭发请求的

被告人在看管期间有检举、揭发请求时，应当立即报告审判长或者独任审判员，并及时报告司法警察部门负责人，配合处理。

思考题

1. 看管的前期准备工作有哪些？
2. 羁押场所看管的安全检查要求有哪些？
3. 羁押场所看管的警力配备是怎么规定的？
4. 分室关押的原则是什么？
5. 看管司法警察在看管勤务中如何进行监控？
6. 羁押室内看管时，什么情况下不得解除警械具？
7. 临时羁押场所看管时如何有效进行警力配备？
8. 临时羁押场所看管时如何设置外围警戒？
9. 看管中常见的情况处置有哪些？请举例说明如何处置。

某市×××人民法院关于××案庭审警务安全保障工作方案

某市×××人民法院司法警察支队关于×××案件庭审警务保障实施方案

×××中级人民法院"×××案件"司法警察预防和处置突发事件应急预案

附件一　警务参考方案

关于被告人陈××、陈×故意杀人一案公开开庭审理
司法警察押解工作的警务方案

为保障本院刑事审判第一庭公开开庭审理陈××、陈×2名被告人故意杀人一案司法警察押解任务的顺利进行,现将有关押解警务任务规定如下:

一、具体任务

×年4月2日上午9:00,本院二号法庭刑事审判第一庭公开开庭审理陈××、陈×2名被告人故意杀人一案。我队参与押解上述2被告人的司法警察的具体任务是:当日早上7:00在本院大门前集合前往市看守所提解2名被告人至本院第一羁押室候审;负责法庭押解,上午9:00开庭时,准时将2名被告人押至第一审判庭接受审判后押回羁押室,校对完开庭笔录后还押市看守所。

被告人基本情况:

一号被告人:陈××,男,1975年2月生,汉族,××县人,犯故意杀人罪,与陈×一起共同致2人死亡、1人重伤。

二号被告人:陈×,男,1978年10月生,汉族,××县人,犯故意杀人罪,与陈××一起共同致2人死亡、1人重伤。

两被告人系同胞亲兄弟,应分车押解,不能分车押解的,要在途中押解、法庭押解中特别注意防范串供。

二、领导配备及警力配置

为确保本次押解任务的安全、顺利地完成,特别加强司法警察押解领导力量和押解力量。

(一)组织领导

本次押解任务由支队长张×统一组织指挥,直属一大队大队长王×具体负责协调工作。

(二)警力配备

本次押解任务由张×、王×等11名司法警察组成,由张×任总指挥,王×任副总指挥。第一押解组负责第一被告人陈××的押解工作,组长为江×,成员为李×、

汪×，上一号囚车；第二押解组负责对第二被告人陈×的押解工作，组长为黄××，成员为程×、斯××，上二号囚车。文××为联络人（机动人员）。车××负责驾驶一号囚车，车××负责驾驶一号囚车。指挥车由文××驾驶，指挥车上人员为张×、王×。

（三）车辆保障：

指挥车：×OA001警

一号囚车：×OA011警

二号囚车：×OA022警

三、安全防范措施

1. 司法警察总、副指挥对本次押解工作负总责。各司法警察押解组组长负责对各自押解的被告人安全负责。押解成员（负责具体押解任务的司法警察）负责对被告人的安全警戒。

2. 提解被告人时，对被告人一律执行背铐。看守所已对被告人配铐脚镣的，要对脚镣进行必要的安全检查，看守所未对被告人配铐脚镣的，应当对被告人加配脚镣，以保障押解工作的安全。

3. 各司法警察押解组组长负责对被告人的核对身份。

4. 各司法警察押解组组长负责对被告人安全检查（搜身）。安全检查要十分严格，重点放在衣服夹层、鞋子等处。对被告人进行安全检查时，押解成员负责对被告人的安全警戒。

5. 押解途中，车辆间用对讲机联系，由各押解组组长负责联络。

6. 被告人提出后，各押解组应严密控制被告人，注意被告人的各种动态，司法警察要做到寸步不离；上下车辆、进出法庭要抓住被告人手臂；被告人上厕所时应有2名以上司法警察同往，并应始终将被告人处于司法警察的视线之内。

7. 法庭押解中，要特别注重对被告人的安全防范，注意对被告人的监控和管理，在保障安全的前提下，在执行法庭押解时，司法警察要特别注重自身形象和文明礼貌及庭风庭貌，主动维护法律权威和法庭威严。

8. 出入法庭时，要抓住被告人的肘部，防止被告人的突然动作。

四、特别要求

1. 开庭当天，全体参加任务的司法警察统一着长袖夏装，戴帽子、领带和白手套，总指挥、副总指挥、各押解组长请携带对讲机。

2. 提前一天领用、准备好枪支弹药、囚车、警械具等警用器械，领用后各押解组、囚车驾驶员负责对枪支弹药、囚车、警械具的安全检查；副总指挥负责对羁押室的安全检查、各司法警察携带装备的安全检查；总指挥提前一天进行工作布置和安全措施落实，任务结束后适时进行工作讲评，并统一上缴枪支弹药。

3. 开庭当天，参加押解任务的司法警察不得迟到，在执行任务时，不得以任何理由脱岗或接听电话。

五、突发事件预案

1. 途中遇交通阻塞时，为了能安全、及时将被告人押至审判庭接受审判，总指挥、副总指挥应当机立断迅速开辟新的押解路线，及时、安全押解被告人至人民法院羁押室。

2. 法庭押解遇旁听席哄闹可能危及被告人人身时，各押解组应切实保护被告人的人身安全，必要时总指挥、副总指挥、押解组组长可示意审判长休庭，将被告人带至羁押室等安全地带，待恢复安全或秩序后再继续开庭审理。

六、附件

1. 被告人及负责押解的司法警察人员名单（见警力配备）。
2. 调警单。
3. 提押票2张。
4. 起诉书（或一审判决书）1份。

××市中级人民法院司法警察支队（盖章）
××年3月25日

附件二　提押票参考样式

一、普通提押票样式

××省高级人民法院
提押票

（样式）

××县看守所： 　　看守所： 　　　　　　　　　　　　　　　　审判员：（签名） 　　　　　　　　　　　　　　　　书记员： 　　　　　　　　　　　　　　　　　　××年××月××日				
案由				
姓名		性别	出生日期	职业
		籍贯	住址	
提讯及其他处理（法院填写）				还押（看守所填写）	
日期	事由	审判员盖章 （签名）	日期	看守所盖章

二、电子提押票样式

××省高级人民法院
电子提押票

（ ）×刑一终字第　号

××县看守所： 　　现因我院开庭需要，委托（　　）人民法院代为提押下列被告人一名，请予协助。 <div align="right">审判员：（签名） 书记员： ××年×月×日</div>	
代为提押人民法院 印　章	提押人 <div align="right">年　　月　　日</div>

案由						
姓名		性别		出生日期		职业
		籍贯		住址		

提讯及其他处理（法院填写）			还押（看守所填写）	
日期	事由	提押人盖章	日期	看守所盖章

注：1. 提押票须加盖代为提押的人民法院印章方为有效；
　　2. 提押人须出示人民警察证或司法警察证，警察证姓名应与提押人相符；
　　3. 提押票使用后，与笔录一并寄回出具提押票的人民法院。

附件三　实例操作

案例一

【案情介绍】

×市中级人民法院司法警察支队支队长肖××根据所在法院刑事审判第一庭调警令的要求，指令陈×兵、张××、胡××3位司法警察于某日上午7：50，到本市看守所提解被告人陈×伟至本院第一羁押室候审。（被告人陈×伟的基本情况：陈×伟，男，1975年2月生，汉族，××省××县人，住××县××乡大树下村，犯故意杀人罪，致2人死亡、1人重伤）。

请思考：

1. 陈×兵、张××、胡××3位司法警察需要执行的押解任务具体是哪一阶段的警务任务？这一阶段押解任务的重点有哪几项？

2. 本案例中，作为执行押解任务的司法警察，应当做好哪些押解前的准备工作？

3. 如果你是该项警务任务中押解组组长，请你拟定一个执行该项警务任务的提解方案。

案例二

【案情介绍】

×警队现有2辆专用囚车，某日需要执行一项押解任务，其中有一侵占案件的被告人为一男一女2个成年被告人，另一盗窃案件有2个成年男被告人。

请思考：

1. 如何安排囚车进行押解？

2. 如何配备警力？

3. 途中押解时如何对被告人进行监控？

案例三

【案情介绍】

有3名被告人的刑事案件在法庭审理过程中，其中有1名被告人突发心脏病，要紧急送医院救治。

请思考：

1. 如果你是押解该名突发心脏病的被告人的司法警察，你应当如何处置之？

2. 如果你是负责本次法庭押解任务的司法警察领导，你应当如何应对？

3. 如果你是押解其他2名被告人的司法警察，你又应当如何配合？

案例四

【案情介绍】

×中级人民法院司法警察支队接到一项还押任务，即于某日下午4：30，将在法院一号羁押室看管的已宣判完毕的陈×伟等10名被告人还押至本市看守所，取回10张提押票，以结束本次押解任务。（附各被告人基本情况，1号被告人：陈×伟，男，1975年2月生，汉族，××省××县人，住××县××乡大树下村，犯故意杀人罪，与陈×存等一起共同致2人死亡、1人重伤；2号被告人：陈×存，男，1978年10月生，汉族，××省××县人，住××县××乡大树下村，犯故意杀人罪，与陈×伟等一起共同致2人死亡、1人重伤；3号被告人至10号被告人，均已被判处有期徒刑；本案例中所有被告人系同案犯，其中陈×伟、陈×存系同胞兄弟）。

请思考：

1. 司法警察在本次警务任务中的具体任务是什么？其中重点任务又是什么？
2. 本案例中，针对重点任务司法警察应当做好哪些准备工作？
3. 为更好地组织实施本次警务任务，请你拟定该项任务的警务方案。

案例五

【案情介绍】

×县人民法院于2010年2月15日上午分别开庭审理组织、容留卖淫犯罪案件和盗窃案各一件，执行押解任务的司法警察已将组织、容留卖淫犯罪案件被告人甲（男，1985年6月生，可能判处无期徒刑）、乙（女，1987年4月生，可能判处10年以上有期徒刑）、丙（女，1993年1月生，可能判处有期徒刑）、丁（男，1964年7月生，可能判处有期徒刑）、戊（男，1968年7月生，可能判处有期徒刑）和盗窃案件被告人已（男，1991年3月生，可能判处有期徒刑）、庚（女，1993年11月生，可能判处有期徒刑）等7名被告人押至该法院羁押室门口等待安排候审看管。

请思考：

如果你是羁押室内负责看管警务任务的司法警察领导，你如何将上述7名被告人按照规则要求安全地关押入羁押室内的囚笼（羁押室内只有6间囚笼），以保障看管任务的安全？

附件四　相关法律法规

一、《中华人民共和国人民法院组织法》相关条文

第五十条　人民法院的司法警察负责法庭警戒、人员押解和看管等警务事项。司法警察依照《中华人民共和国人民警察法》管理。

二、《人民法院司法警察条例》

第一章　总　则

第一条　为加强人民法院司法警察队伍建设和科学管理，保障司法警察依法行使职权，根据《中华人民共和国公务员法》、《中华人民共和国人民法院组织法》、《中华人民共和国人民警察法》等法律，制定本条例。

第二条　人民法院司法警察是中华人民共和国人民警察的警种之一。

第三条　人民法院司法警察的任务是预防、制止和惩治妨碍审判活动的违法犯罪行为，维护审判秩序，保障审判工作顺利进行。

第四条　最高人民法院领导地方各级人民法院和专门法院司法警察工作，上级人民法院领导下级人民法院司法警察工作。

第五条　人民法院司法警察必须以宪法和法律为活动准则，全心全意为人民服务，忠于职守，清正廉洁，服从命令，严格执法。

第六条　人民法院司法警察依法执行职务，受法律保护。

第二章　职权

第七条　人民法院司法警察的职责：

（一）维护审判秩序；

（二）对进入审判区域的人员进行安全检查；

（三）刑事审判中押解、看管被告人或者罪犯，传带证人、鉴定人和传递

证据;

（四）在生效法律文书的强制执行中,配合实施执行措施,必要时依法采取强制措施;

（五）执行死刑;

（六）协助机关安全和涉诉信访应急处置工作;

（七）执行拘传、拘留等强制措施;

（八）法律、法规规定的其他职责。

第八条 在法庭审判过程中,人民法院司法警察应当按照审判长或者独任审判员的指令,对违反法庭规则,哄闹、冲击法庭,侮辱、诽谤、威胁、殴打司法工作人员、诉讼参与人或者其他人员等扰乱法庭秩序的,依法予以强行带离,执行罚款或者拘留。

出现危及法庭内人员人身安全、被告人或者罪犯脱逃等紧急情况时,人民法院司法警察应当先行采取必要措施。

第九条 对以暴力、威胁或者其他方法阻碍司法工作人员执行职务的,人民法院司法警察应当及时予以控制,根据需要进行询问、提取或者固定相关证据,依法执行罚款、拘留等强制措施。

第十条 对不宜进入审判区域而强行进入的,人民法院司法警察应当依法强行带离;对涉嫌违法犯罪的,人民法院司法警察应当予以控制,并视情节及时移送公安机关。

第十一条 在生效法律文书的强制执行中,人民法院司法警察可以依法配合实施搜查、查封、扣押、强制迁出等执行行为。

第十二条 人民法院司法警察在履行职责过程中,遇当事人或者其他人员实施自杀、自伤等行为时,应当及时采取措施予以制止和协助救治,必要时应当对其采取约束性保护措施,并视情节移送公安机关。

第十三条 对严重扰乱人民法院工作秩序、危害人民法院工作人员人身安全及法院机关财产安全的,人民法院司法警察应当采取训诫、制止、控制等处置措施,保存相关证据,对涉嫌违法犯罪的,及时移送公安机关。

第十四条 遇有脱逃、拦劫囚车、抢夺枪支或者其他暴力行为的紧急情况,人民法院司法警察可以依照国家有关规定适用警械;使用警械不能制止或者不使用武器制止可能发生严重后果的,可以依照国家有关规定使用武器。

第三章　组织管理

第十五条 人民法院司法警察依法实行警衔制度。人民法院授予警衔的人员应当使用国家专项编制,具有司法警察职务,并履行司法警察职责。

第十六条　人民法院司法警察的编制、建制，由最高人民法院规定。

第十七条　人民法院司法警察实行编队管理。最高人民法院设立司法警察局，高级人民法院设立司法警察总队，中级人民法院设立司法警察支队，基层人民法院设立司法警察大队。

第十八条　人民法院司法警察接受所在人民法院院长和上级人民法院司法警察部门的领导，接受所在人民法院司法警察部门的管理。

第十九条　各级人民法院司法警察部门管理本级司法警察工作的主要职责：

（一）组织落实司法警察的条例、条令及其他相关文件；

（二）制定实施司法警察工作的规章制度和细则；

（三）组织司法警察履行职责；

（四）组织司法警察教育训练工作；

（五）协助管理司法警察警衔；

（六）管理司法警察装备；

（七）完成院长交办的其他任务。

第二十条　上级人民法院司法警察部门管理下级人民法院司法警察工作的主要职责：

（一）研究、制定司法警察工作的规划和规章制度；

（二）指导、监督、考评司法警察工作；

（三）制定司法警察教育训练计划；

（四）承担司法警察部门主要负责人的任免职备案工作；

（五）管理司法警察警衔；

（六）协调跨地区的重大警务活动；

（七）承担其他需要管理的事项。

第二十一条　人民法院录用的司法警察，应当符合国家规定的条件。

人民法院录用司法警察，应当按照国家规定，公开考试，严格考核，择优选用。

新录用的司法警察试用期为一年，试用期满经考核合格的，正式任职并评定、授予相应警衔；不合格的，取消录用资格。

第二十二条　调任、转任到人民法院担任司法警察职务的，应当符合担任人民法院司法警察的条件和拟任职位所要求的资格条件。

第二十三条　人民法院对司法警察的调配，应当征求本院司法警察部门的意见；司法警察部门主要负责人的任免，应当报上级人民法院司法警察部门备案。

第二十四条　人民法院司法警察应当经过司法警察专业培训，考试考核合格方可任职或者晋升职务、授予或者晋升警衔。

第二十五条　人民法院司法警察实行警察职务序列，分为警官职务序列、警员职务序列和警务技术职务序列。

第二十六条　人民法院司法警察应当按照规定着装，佩戴警用标志，保持警容严整，举止端庄。

人民法院司法警察在执行职务时，应当携带人民警察证。

第二十七条　人民法院司法警察的奖惩按照国家相关法律和有关规定及最高人民法院的有关规定办理。

第四章　警务保障

第二十八条　人民法院司法警察必须执行上级的决定和命令。

人民法院司法警察认为决定和命令有错误的，可以按照规定提出意见，但不得中止或者改变决定和命令的执行；提出的意见不被采纳时，必须服从决定和命令；执行决定和命令的后果由作出决定和命令的上级负责。

人民法院司法警察对超越法律、法规规定的人民法院司法警察职责范围的指令，有权拒绝执行，并同时向上级机关报告。

对审判长、独任审判员指令的执行，依照前款规定。

第二十九条　人民法院司法警察的警用标志、制式服装、武器和警械，由公安部统一监制，最高人民法院会同公安部管理，其他个人和组织不得非法制造、贩卖。

人民法院司法警察的警用标志、制式服装、武器、警械、人民警察证为司法警察专用，其他个人和组织不得持有和使用。

第三十条　人民法院司法警察工作和训练所需经费应当得到保证，并列入人民法院财务预算。

第三十一条　人民法院应当加强司法警察装备现代化建设，有计划地改善司法警察工作必需的指挥、信通、武器、警械、防护、交通、救援等装备设施。

第三十二条　人民法院司法警察实行国家公务员工资制度，并享受国家规定的警衔津贴和其他津贴、补贴、抚恤以及社会保险等福利待遇。

第五章　附　则

第三十三条　本条例由最高人民法院负责解释。

第三十四条　本条例自 2012 年 12 月 1 日起施行。1997 年 5 月 4 日公布的《人民法院司法警察暂行条例》同时废止。

三、《中华人民共和国人民法院法庭规则》相关条文

第二十一条 司法警察依照审判长或独任审判员的指令维持法庭秩序。

出现危及法庭内人员人身安全或者严重扰乱法庭秩序等紧急情况时，司法警察可以直接采取必要的处置措施。

人民法院依法对违反法庭纪律的人采取的扣押物品、强行带出法庭以及罚款、拘留等强制措施，由司法警察执行。

四、《人民法院司法警察刑事审判警务保障工作规则》

第一章 总 则

第一条 为了规范人民法院司法警察刑事审判警务保障工作，保障刑事审判活动安全有序进行，根据《中华人民共和国刑事诉讼法》《中华人民共和国人民警察法》《中华人民共和国人民法院法庭规则》《人民法院司法警察条例》等法律、法规以及相关规范性文件，制定本规则。

第二条 刑事审判警务保障工作（以下简称警务保障）是司法警察在刑事审判中，依法实施的押解、看管、值庭等职务行为。

第三条 警务保障应当遵循确保安全、依法依规、分工负责、稳妥处置、规范文明的原则。

第四条 各级人民法院院长、分管司法警务和刑事审判工作的院领导应当加强对警务保障的组织领导。审判、办公室、行政装备等部门应当会同司法警察部门做好警务保障工作，对其职责范围内的协调配合、安全防范等工作负责。

第五条 上下级法院司法警察部门之间应当建立警情通报（报告）机制，及时沟通共享相关案件信息和警务保障情况。

第六条 刑事审判部门应当按照规定时限将用警申请、提押票、起诉书副本等材料送交司法警察部门，并告知风险评估情况和相关注意事项。

刑事审判、司法警察部门应当在庭审前，加强对审判安全风险和隐患的分析研判、沟通协调。

第七条 司法警察部门应当根据案件类型、被告人人数和审理方式等情况部署充足警力，必要时可以按照规定的权限和程序调动使用其他法院的警力。

第八条　司法警察应当根据《中华人民共和国人民警察使用警械和武器条例》《人民法院司法警察佩带使用枪支办法》《人民法院司法警察不同执勤岗位警用装备配备标准》等规定和案件的风险评估情况佩带使用警械、武器和其他警用装备。

第九条　对于被告人人数较多或者重大案件的警务保障，司法警察部门应当制定实施方案。

实施方案应当包含组织指挥、警力部署、突发事件预防处置措施、勤务保障等内容。

第十条　司法警察执行警务保障任务时，应当按规定着装，佩戴人民警察标志，携带人民警察证等有效证件，保持警容严整，举止端庄，自觉维护良好的执法形象。

第十一条　人民法院应当建设完善、配齐配足符合安全标准的警务保障设施、装备，提高信息化、智能化建设水平。

人民法院应当加强警务保障的全过程监控，注意保存音视频资料。

第十二条　司法警察发现被告人有传递信息、串供、携带可疑物品等行为或者发生脱逃、行凶、自杀、自伤和其他危险行为的，应当果断先予处置，并及时向司法警察部门负责人、审判长或者独任审判员请示报告，根据命令或者指令采取进一步措施。

被告人有检举、揭发的要求时，司法警察应当立即报告审判长或者独任审判员，并及时报告司法警察部门负责人，及时配合处理。

第十三条　警务保障结束后，司法警察应当清点、回收装备，总结讲评，向司法警察部门负责人或者院领导汇报任务完成情况。

第十四条　人民法院应当加强司法警察职业风险保障，对执行特殊警务保障任务的司法警察，应当采取必要的安全和卫生防护措施，给予相应的心理疏导、疗养和补助。

第十五条　司法警察履行警务保障职责，应当严格遵守国家法律法规，严格遵守人民法院和人民警察的纪律规定，保守工作秘密，尊重和保障人权。

司法警察在警务保障中依法执行职务行为受法律保护，因按照法定条件和程序履行职责、行使权力，对公民、法人或者其他组织合法权益造成损害的，不承担法律责任，由其所属法院按照国家有关规定对造成的损害给予补偿。

第二章　押　解

第十六条　押解是司法警察在刑事审判中，依法强制将被告人从看守所或者其他监管机构押到法庭接受审判，再将其押回看守所或者其他监管机构，保障审判活动安全有序进行的职务行为。押解包括提押、庭审押解、还押三个环节。

第十七条 司法警察押解职责：

（一）将被告人提押到法院指定的羁押场所；

（二）将被告人从羁押场所押解到法庭；

（三）将被告人还押到看守所或者其他监管机构；

（四）防止被告人串供、接触与押解无关的人员；

（五）预防和处置被告人脱逃、行凶、自杀、自伤或者其他危险行为；

（六）处置押解中的其他突发事件。

第十八条 司法警察押解前的准备工作：

（一）应当熟悉案件基本情况、了解被告人身体状况和在押期间的表现，进行风险评估，必要时制定押解方案；

（二）根据任务要求配备相应的专用囚车、警械、武器、通信设备等警用装备，确保装备处于可靠适用状态；

（三）按照一名被告人至少由两名司法警察押解，重大案件的被告人至少由三名司法警察押解，女性被告人由女性司法警察押解的要求配备警力；

（四）必要时提前对看守所或者其他监管机构、交通道路等情况进行实地勘察，确定押解路线；

（五）与相关部门沟通协调，明确任务，分工协作。

第十九条 司法警察执行提押时应当按照以下程序进行：

（一）凭有效证件、文书办理提押手续；

（二）核对被告人身份以及人数；

（三）确认看守所已为被告人换上正装或者便装；

（四）对被告人告知权利义务；

（五）对被告人规范使用戒具；

（六）对被告人进行安全检查；

（七）按规范要求对被告人分配车辆、座位等。

第二十条 司法警察执行庭审押解时应当按照以下程序进行：

（一）庭前向审判长或者独任审判员确认是否解除被告人戒具；

（二）核对被告人身份以及人数，确认出庭顺序；

（三）依照审判长或者独任审判员的指令，将被告人押解到法庭指定位置；

（四）依照审判长或者独任审判员的指令，解除被告人戒具；

（五）根据情况采取立正、跨立、坐姿或者其他戒备姿势看管控制被告人。

第二十一条 司法警察执行庭审押解时应当注意以下事项：

（一）严格遵守法庭纪律；

（二）对人身危险性大或者有脱逃、自杀、自伤等倾向的被告人不得解除戒具；

（三）不得让被告人与无关人员接触；

（四）如遇法庭内突发紧急情况，应当严密控制被告人，不得擅离岗位，情况紧急时可以将被告人暂时带离法庭。

第二十二条　庭审结束后，司法警察应当及时将被告人还押到看守所或者其他监管机构，一般不得让被告人在法庭或者法院羁押场所签阅庭审笔录。

第二十三条　司法警察执行还押时应当按照以下程序进行：

（一）对被告人规范使用戒具；

（二）核对被告人身份以及人数；

（三）对被告人进行安全检查；

（四）按规范要求对被告人分配车辆、座位等；

（五）妥善办理交接手续。

第二十四条　司法警察执行提押、还押时应当注意以下事项：

（一）严格遵守看守所或者其他监管机构的规章制度；

（二）专用囚车内不得搭乘与押解工作无关的人员；

（三）押解残疾、行动不便的被告人，可以根据需要使用辅助设备、器械；

（四）严密监控被告人，及时处置突发情况；

（五）规范使用警灯、警报器。

第三章　看管

第二十五条　看管是司法警察在刑事审判中，依法对在人民法院羁押场所或者其他指定地点候审的被告人进行看守管理，保障审判活动安全有序进行的职务行为。

第二十六条　司法警察看管职责：

（一）核对被告人身份，清点被告人人数，填写看管记录；

（二）对被告人进行安全检查；

（三）关注被告人动态，实施有效管理和控制；

（四）防止被告人串供、接触与看管无关的人员；

（五）预防和处置被告人脱逃、行凶、自杀、自伤或者其他危险行为；

（六）处置看管中的其他突发事件。

第二十七条　司法警察应当根据案件类型、被告人人数、在押表现和危险程度等配备充足的看管警力，明确分工。

第二十八条　看管前应当提前对羁押场所、周边环境以及设施、装备进行检查。

第二十九条　将被告人从看守所或者其他监管机构押至人民法院羁押场所时，负责看管的司法警察应当与负责押解的司法警察履行交接手续，了解基本情况，清点人数、核对身份、逐一登记，共同签字确认。

第三十条　看管期间，应当对同案被告人，成年和未成年被告人，男性和女性被告人，以及其他需要分开看管的被告人实行分别看管，原则上保证一人一室，确保有效隔离。女性被告人应当由女性司法警察执行看管。

第三十一条　看管期间，对被告人可以解除戒具。对可能发生脱逃、行凶、自杀、自伤和其他危险行为的被告人，应当根据安全需要使用相应戒具。对未成年被告人一般不得使用戒具，但确有人身危险性的除外。

第三十二条　被告人如厕时，司法警察应当提前对卫生间环境进行检查，并对其实施有效监控。女性被告人应当由女性司法警察监控。

第三十三条　如因看管时间较长等因素需要就餐，人民法院应当为被告人提供安全的食品。

如遇被告人突发疾病，司法警察应当立即向审判长或者独任审判员报告，并协助采取必要的救护措施。

第四章　值庭

第三十四条　值庭是司法警察在刑事审判中，依法维持法庭秩序，保证参与庭审活动人员安全，保障审判活动安全有序进行的职务行为。

第三十五条　司法警察值庭职责：

（一）维持法庭秩序；

（二）保障参与审判活动人员安全；

（三）传带证人、鉴定人、有专门知识的人或者其他诉讼参与人；

（四）传递、展示证据；

（五）依照审判长或者独任审判员的指令处置违反法庭纪律、扰乱法庭秩序、危害法庭安全等行为。

第三十六条　司法警察部门应当根据庭审活动的时间、规模、类型、场地条件等情况，合理配备值庭警力。必要时制定专门的值庭方案。

第三十七条　司法警察值庭分为审判活动区值庭和旁听区值庭。司法警察在审判活动区值庭时，应当位于审判台前两侧，背向审判台，面向旁听席；司法警察在旁听区值庭时，应当位于便于观察、处置情况的适当位置。值庭时根据需要采取立正、跨立、坐姿或者其他戒备姿势。

第三十八条　司法警察值庭时，应当在书记员宣布法庭纪律前进入法庭。庭审结束后，在审判人员、诉讼参与人和旁听人员离开法庭后，退出法庭。

第三十九条 司法警察发现醉酒的人、精神状态异常的人、未获得人民法院批准的未成年人或者其他不宜旁听的人员，应当阻止或者劝其退出法庭。必要时可以再次对旁听人员进行安全检查。

第四十条 司法警察应当依照审判长或者独任审判员的指令准确传递、展示证据，与被告人保持安全距离，不得将证据交到被告人手中，防止证据被抢夺、损毁。

第四十一条 司法警察应当依照审判长或者独任审判员的指令引导证人、鉴定人、有专门知识的人或者其他诉讼参与人到达指定位置，加强对被传带人员的安全保护。

第四十二条 司法警察遇有下列违反法庭纪律的行为时，应当予以劝阻、制止，并依照审判长或者独任审判员的指令依法进一步采取强制手段或者强制措施：

（一）鼓掌、喧哗；

（二）吸烟、进食；

（三）拨打或者接听电话；

（四）未经允许对庭审活动进行录音、录像、拍照或者使用移动通信工具等传播庭审活动；

（五）其他违反法庭纪律的行为。

第四十三条 司法警察遇有下列危及法庭安全或者严重扰乱法庭秩序的行为时，应当立即采取必要的处置措施，并依照审判长或者独任审判员的指令依法进一步采取强制手段和强制措施：

（一）非法携带枪支、弹药、管制刀具或者爆炸性、易燃性、放射性、毒害性、腐蚀性物品以及传染病病原体进入法庭；

（二）哄闹、冲击法庭；

（三）侮辱、诽谤、威胁、殴打司法工作人员或者诉讼参与人；

（四）毁坏法庭设施，抢夺、损毁诉讼文书、证据；

（五）其他危害法庭安全或者严重扰乱法庭秩序的行为。

第五章 奖励惩处

第四十四条 司法警察在警务保障中认真履行职责，有效处置突发事件，成功执行重大警务任务，为保障人民法院刑事审判活动安全有序进行作出突出贡献和成绩的，应当按照规定予以表彰奖励。

第四十五条 司法警察在警务保障中，没有按照本规则规范履职，导致审判秩序受到严重干扰、造成恶劣影响或者被告人脱逃等事故，有下列情形之一的，按照相关规定追究责任：

（一）擅离职守或者不认真履行岗位职责的；

（二）与被告人或其家属相互串通，为被告人传递信件、物品，通风报信的；

（三）不按规定使用武器、警械以及强制手段、强制措施的；

（四）对于突发紧急情况没有及时采取措施予以处置，造成严重后果的；

（五）具有其他需追究责任的情形。

第四十六条 司法警察部门负责人在警务保障中，没有正确履行领导和指挥职责，导致审判秩序受到严重干扰、造成恶劣影响或者被告人脱逃等事故，有下列情形之一的，按照相关规定追究责任：

（一）庭审前没有按照规定组织实施各项警务保障准备工作的；

（二）没有按照规定和任务需求配备警力、武器、警械和其他装备的；

（三）警力、武器、警械和其他装备不足以完成任务时，不向相关领导报告，违反规定强行命令司法警察执行任务的；

（四）任务执行过程中，组织管理和监督检查不到位的；

（五）对于突发紧急情况应对不及时，指挥不正确的；

（六）具有其他需追究责任的情形。

第四十七条 人民法院相关院领导和其他工作人员在警务保障中，没有遵守本规则相关规定，导致审判秩序受到严重干扰、造成恶劣影响或者被告人脱逃等事故，有下列情形之一的，按照相关规定追究责任：

（一）法庭、羁押室、武器、警械、车辆等设施、装备不符合警务安全规范要求，没有按照规定标准予以改造、更新或者采取其他补救措施的；

（二）警力、武器、警械和其他装备不足以完成任务时，违反规定强行命令司法警察执行任务的；

（三）不按照规定履行庭前申请派警、风险评估、沟通协调等程序，或者在审判过程中违规使用警力的；

（四）决定、指令不及时或者不当的；

（五）具有其他需追究责任的情形。

第四十八条 在警务保障中发生责任事故的，根据事故的性质和严重程度，对相关责任人给予纪律处分。构成犯罪的，依法追究刑事责任。

第六章 附 则

第四十九条 刑事案件中的视频提讯（审判）、自诉案件需拘传被告人出庭以及民事、行政案件中需提押在押犯罪嫌疑人、罪犯出庭等审判工作的警务保障参照本规定执行。

第五十条 本规则由最高人民法院负责解释。

第五十一条 本规则自2019年3月1日起施行。本规则施行后,《人民法院司法警察值庭规则》(法发〔2003〕13号)、《人民法院司法警察押解规则》(法发〔2003〕19号)、《人民法院司法警察看管规则》(法发〔2004〕4号)、《人民法院司法警察刑事审判警务保障规则》(法发〔2009〕46号)、《人民法院司法警察远程视频提讯警务保障规则》(法发〔2010〕19号)同时废止。

五、《人民法院司法警察预防和处置突发事件规则》

第一条 为了规范人民法院司法警察预防和处置突发事件工作,保护法院干警及人民群众的生命财产安全,保障人民法院审判执行工作安全有序进行,根据《中华人民共和国突发事件应对法》《中华人民共和国人民警察法》《中华人民共和国人民警察使用警械和武器条例》《人民法院司法警察条例》等法律、法规以及相关规范性文件,制定本规则。

第二条 本规则所称突发事件是指突然发生,造成或者可能造成人员伤亡、财产损失,损害司法权威,妨碍审判执行活动,危及法院安全,需要司法警察采取应急处置措施予以应对的紧急情况。

第三条 司法警察预防和处置突发事件应当建立统一领导、分工负责、密切协同、共同应对的工作机制。

第四条 司法警察预防和处置突发事件应当坚持预防为主、依法依规、规范稳妥的原则。

第五条 在人民法院反恐怖和安保工作协调领导小组(以下简称反恐安保领导小组)的领导下,司法警察部门负责制定完善应急处置预案,组建应急分队,定期召开专题会议,分析形势任务,做好突发事件的预防和处置工作。

第六条 在人民法院预防和处置突发事件工作总体方案的基础上,司法警察部门应当制定本部门应急处置预案,明确应急处置的组织领导、职责分工、处置流程、应急措施、联防联动、勤务保障等内容。

第七条 司法警察部门应当成立应急分队,保持备勤状态,加强日常应急演练,及时防范和处置突发事件。

第八条 司法警察部门应当建立重大敏感案件风险评估机制,对业务庭(局)通报的案件,提前做好突发事件研判和预防工作。

第九条 司法警察部门处置突发事件遇警力不足时,应当按照相关规定调警。

第十条 人民法院发生突发事件时,司法警察部门应当按照相关规定,及时向分管司法警务工作的院领导和上级法院司法警察部门报告。

第十一条 司法警察部门应当在反恐安保领导小组的领导下,加强与业务庭(局)和公安机关、应急管理、医疗卫生等相关部门的沟通协调,建立应急联防联动工作机制,发挥各自职能作用,共同应对突发事件。

第十二条 按照对人民法院安全及审判执行工作危害程度、影响范围等因素,人民法院突发事件等级由高到低可以分为一级、二级和三级:

一级突发事件是指发生情况紧急、规模较大、敏感性强、涉及面广、影响恶劣,且具有手段残忍、危及生命和财产安全等重大现实危险的突发事件。

二级突发事件是指发生险情苗头明显、中小规模、影响较大,且具有危害较重、手段过激,可能危及人身和财产安全等较大现实危险的突发事件。

三级突发事件是指发生安全隐患突出、矛盾明显,具有一定现实危险的突发事件。

第十三条 人民法院遇有等级突发事件,反恐安保领导小组和司法警察部门应当采取相应处置措施:

遇有一级突发事件,人民法院主要领导应迅速到场,组织领导相关部门开展处置工作,协调公安机关到场支援,防止事态恶化。司法警察部门应当立即组织警力,携带警用装备赶赴现场,必要时携带武器,根据指令依法采取处置措施,控制事态发展。

遇有二级突发事件,分管司法警务工作的院领导应当到场,指导相关部门采取应对措施。司法警察部门应当根据指令,组织警力携带装备到达现场,对行为人采取强制手段或者强制措施,配合做好收集保存证据等工作。

遇有三级突发事件,司法警察部门应当向分管司法警务工作的院领导报告,组织警力携带装备到达现场,根据指令做好现场处置工作,及时消除隐患,防止事态发展。

第十四条 突发事件发生时,司法警察部门应当按照以下程序处置:

(一)先期控制。司法警察控制事发现场,救护伤员,实施现场警戒,疏散无关人员,及时保存证据。

(二)请示报告。司法警察及时将现场情况报告司法警察部门负责人,逐级上报反恐安保领导小组。

(三)启动预案。根据反恐安保领导小组的指令,司法警察部门启动突发事件应急处置预案,组织应急分队携带装备及时赶赴现场。

(四)现场处置。司法警察部门应急分队应当迅速到场,准确研判情况,在反恐安保领导小组的指挥下，与其他相关部门分工协作，果断处置。视情启动调警程序。必要时启动应急联防联动机制，联系公安机关、医疗卫生、应急管理等部门协助处置。

（五）秩序恢复。现场处置完毕，司法警察部门在反恐安保领导小组的领导下，组织现场安全检查，消除隐患，恢复工作秩序。必要时，移交涉事人员和相关证据，配合相关部门做好善后工作。

第十五条　司法警察部门根据突发事件的等级和特点，视情选择采取下列预防和处置措施：

（一）准确掌握情况，收集有关信息，及时向反恐安保领导小组和相关部门报告，在一定范围内发出预警。

（二）根据预判结果，组织调派警力，调集应急处置所需装备、设备和其他相关物资。

（三）加强对重点人员、重要目标、重点场所和重要设施的防范和现场警戒。

（四）协助业务庭（局）做好教育、劝解、疏导工作，对涉事人员提出警告。

（五）迅速控制事发现场，标明危险区域，划定警戒区域，疏散无关人员，关闭或封锁危险场所，控制事态进一步发展。

（六）对组织者、煽动者、闹事骨干分子等相关人员依法采取隔离、驱散、制止、制服等措施，组织救治受伤人员，疏散、撤离并妥善安置受到威胁的人员。

（七）对严重扰乱法院工作秩序、严重威胁法院干警和人民群众生命财产安全、经劝阻无效的人员，可以依法采取强制手段或者强制措施。遇有符合使用警械和武器的情形时，可以依法使用警械和武器。

（八）遇有需要由公安机关或者其他专业部门处置的突发事件时，应当积极做好先期处置，保存证据，及时向相关部门移交，协助做好后续处置工作。

（九）执勤司法警察应当开启执法记录仪，做好全程收集保存证据工作。

（十）根据应急需要，可以采取其他必要的处置措施。

第十六条　人民法院应当加强司法警察队伍建设，增强司法警察警力配备，定期开展应急处突专项培训，组织经常性模拟演练，不断提高预防和处置突发事件的能力。

第十七条　人民法院应当加强预防和处置突发事件装备配备和设施建设，及时维护、更新警用装备和设施。加强科技手段运用，提高警务信息化智能化应用水平。

第十八条　人民法院应当根据预防和处置突发事件的需要，对所需经费予以保障。

第十九条 人民法院对在担负预防和处置突发事件任务中表现突出、作出积极贡献的司法警察,应当按照规定给予表彰奖励;对因不正确履行职责、失职渎职,造成严重后果的,应当按照规定追究相关责任人的责任。

第二十条 本规则由最高人民法院负责解释。

第二十一条 本规则自2019年3月1日起施行。本规则施行后,《人民法院司法警察预防和处置突发事件暂行规则》(法发〔2008〕29号)同时废止。

六、《中华人民共和国人民警察使用警械和武器条例》

第一章 总 则

第一条 为了保障人民警察依法履行职责,正确使用警械和武器,及时有效地制止违法犯罪行为,维护公共安全和社会秩序,保护公民的人身安全和合法财产,保护公共财产,根据《中华人民共和国人民警察法》和其他有关法律的规定,制定本条例。

第二条 人民警察制止违法犯罪行为,可以采取强制手段;根据需要,可以依照本条例的规定使用警械;使用警械不能制止,或者不使用武器制止,可能发生严重危害后果的,可以依照本条例的规定使用武器。

第三条 本条例所称警械,是指人民警察按照规定装备的警棍、催泪弹、高压水枪、特种防暴枪、手铐、脚镣、警绳等警用器械;所称武器,是指人民警察按照规定装备的枪支、弹药等致命性警用武器。

第四条 人民警察使用警械和武器,应当以制止违法犯罪行为,尽量减少人员伤亡、财产损失为原则。

第五条 人民警察依法使用警械和武器的行为,受法律保护。

人民警察不得违反本条例的规定使用警械和武器。

第六条 人民警察使用警械和武器前,应当命令在场无关人员躲避;在场无关人员应当服从人民警察的命令,避免受到伤害或者其他损失。

第二章 警械的使用

第七条 人民警察遇有下列情形之一,经警告无效的,可以使用警棍、催泪弹、高压水枪、特种防暴枪等驱逐性、制服性警械:

(一) 结伙斗殴、殴打他人、寻衅滋事、侮辱妇女或者进行其他流氓活动的;

（二）聚众扰乱车站、码头、民用航空站、运动场等公共场所秩序的；

（三）非法举行集会、游行、示威的；

（四）强行冲越人民警察为履行职责设置的警戒线的；

（五）以暴力方法抗拒或者阻碍人民警察依法履行职责的；

（六）袭击人民警察的；

（七）危害公共安全、社会秩序和公民人身安全的其他行为，需要当场制止的；

（八）法律、行政法规规定可以使用警械的其他情形。

人民警察依照前款规定使用警械，应当以制止违法犯罪行为为限度；当违法犯罪行为得到制止时，应当立即停止使用。

第八条 人民警察依法执行下列任务，遇有违法犯罪分子可能脱逃、行凶、自杀、自伤或者有其他危险行为的，可以使用手铐、脚镣、警绳等约束性警械：

（一）抓获违法犯罪分子或者犯罪重大嫌疑人的；

（二）执行逮捕、拘留、看押、押解、审讯、拘传、强制传唤的；

（三）法律、行政法规规定可以使用警械的其他情形。

人民警察依照前款规定使用警械，不得故意造成人身伤害。

第三章 武器的使用

第九条 人民警察判明有下列暴力犯罪行为的紧急情形之一，经警告无效的，

可以使用武器：

（一）放火、决水、爆炸等严重危害公共安全的；

（二）劫持航空器、船舰、火车、机动车或者驾驶车、船等机动交通工具，故意危害公共安全的；

（三）抢夺、抢劫枪支弹药、爆炸、剧毒等危险物品，严重危害公共安全的；

（四）使用枪支、爆炸、剧毒等危险物品实施犯罪或者以使用枪支、爆炸、剧毒等危险物品相威胁实施犯罪的；

（五）破坏军事、通讯、交通、能源、防险等重要设施，足以对公共安全造成严重、紧迫危险的；

（六）实施凶杀、劫持人质等暴力行为，危及公民生命安全的；

（七）国家规定的警卫、守卫、警戒的对象和目标受到暴力袭击、破坏或者有受到暴力袭击、破坏的紧迫危险的；

（八）结伙抢劫或者持械抢劫公私财物的；

（九）聚众械斗、暴乱等严重破坏社会治安秩序，用其他方法不能制止的；

（十）以暴力方法抗拒或者阻碍人民警察依法履行职责或者暴力袭击人民警察，危及人民警察生命安全的；

（十一）在押人犯、罪犯聚众骚乱、暴乱、行凶或者脱逃的；

（十二）劫夺在押人犯、罪犯的；

（十三）实施放火、决水、爆炸、凶杀、抢劫或者其他严重暴力犯罪行为后拒捕、逃跑的；

（十四）犯罪分子携带枪支、爆炸、剧毒等危险物品拒捕、逃跑的；

（十五）法律、行政法规规定可以使用武器的其他情形。

人民警察依照前款规定使用武器，来不及警告或者警告后可能导致更为严重危害后果的，可以直接使用武器。

第十条 人民警察遇有下列情形之一的，不得使用武器：

（一）发现实施犯罪的人为怀孕妇女、儿童的，但是使用枪支、爆炸、剧毒等危险物品实施暴力犯罪的除外；

（二）犯罪分子处于群众聚集的场所或者存放大量易燃、易爆、剧毒、放射性等危险物品的场所的，但是不使用武器予以制止，将发生更为严重危害后果的除外。

第十一条 人民警察遇有下列情形之一的，应当立即停止使用武器：

（一）犯罪分子停止实施犯罪，服从人民警察命令的；

（二）犯罪分子失去继续实施犯罪能力的。

第十二条 人民警察使用武器造成犯罪分子或者无辜人员伤亡的，应当及时抢救受伤人员，保护现场，并立即向当地公安机关或者该人民警察所属机关报告。

当地公安机关或者该人民警察所属机关接到报告后，应当及时进行勘验、调查，并及时通知当地人民检察院。

当地公安机关或者该人民警察所属机关应当将犯罪分子或者无辜人员的伤亡情况，及时通知其家属或者其所在单位。

第十三条 人民警察使用武器的，应当将使用武器的情况如实向所属机关书面报告。

第四章　法律责任

第十四条 人民警察违法使用警械、武器，造成不应有的人员伤亡、财产损失，构成犯罪的，依法追究刑事责任；尚不构成犯罪的，依法给予行政处分；对受到伤亡或者财产损失的人员，由该人民警察所属机关依照《中华人民共和国国家赔偿法》的有关规定给予赔偿。

第十五条 人民警察依法使用警械、武器，造成无辜人员伤亡或者财产损失的，由该人民警察所属机关参照《中华人民共和国国家赔偿法》的有关规定给予补偿。

第五章 附 则

第十六条 中国人民武装警察部队执行国家赋予的安全保卫任务时使用警械和武器，适用本条例的有关规定。

第十七条 本条例自发布之日起施行。1980年7月5日公布施行的《人民警察使用武器和警械的规定》同时废止。

参考文献

一、著作

1. 最高人民法院政治部警务部编著：《人民法院司法警察警务实务》，人民法院出版社 2019 年版。

2. 最高人民法院政治部警务部编著：《人民法院司法警察警务实务》，人民法院出版社 2015 年版。

3. 黄素萍主编：《押解与看管实务》，中国政法大学出版社 2017 年版。

4. 黄素萍、董卫国、叶斌华编著：《押解与看管实务》，浙江工商大学出版社 2012 年版。

5. 周静茹、金琳主编：《司法警察实务》，暨南大学出版社 2011 年版。

6. 胡建江、刘丹阳主编：《司法警察工作教程》，中国政法大学出版社 2006 年版。

7. 王有民主编：《司法警察实务教程》，陕西人民出版社 2014 年版。

8. 师宕编著：《司法警察必备》，海南出版社 2001 年版。

9. 王继平主编：《人民法院司法警察工作指南（上、下册）》，昆仑出版社 2006 年版。

10. 潘克靖：《司法警察工作手册》，中国人民公安大学出版社 1993 年版。

11. 全国人大常委会法工委刑法室编写：《〈中华人民共和国人民警察法〉实用问题解析》，中国民主法制出版社 1995 年版。

12. 最高人民法院警务部：《人民法院司法警察安全检查培训教程》，人民法院出版社 2006 年版。

13. 余凌云：《警察行政强制的理论与实践》，中国人民公安大学出版社 2003 年版。

二、期刊、报纸

1. 薛琪、刘斌："人民法院司法警察职权行使现状调研报告——以陕西省人民法院司法警察职权行使情况为例"，载《陕西行政学院学报》2009 年第 1 期。

2. 最高人民法院："人民法院司法警察证使用管理规定"，载《司法业务文选》2008 年第 36 期。

3. 郏孙勇："司法警察院校警体课程的现状与改革"，载《中国成人教育》2008 年第 4 期。

4. 黄建清、季伟军："试论人民法院司法警察形象"，载《法治论丛》2002年第4期。

5. 潘建华："用科学发展观指导法院司法警察队伍建设"，载《楚雄日报》2009年2月25日。